To Richard —
with all my affection.
Thanks for you cooperation
and for being a source of
inspiration to me.
Congratulations for your work.
Thank you very much.
GRACIAS!!!

#cambioeducativo

4-2-15

ÓSCAR GONZÁLEZ

EL CAMBIO EDUCATIVO

28 *artículos* para el debate y la reflexión frente al desaliento educativo y el futuro de la educación

© Todos los derechos reservados
No se permite la reproducción total o parcial de esta obra, ni su incorporación a un sistema informático ni su transmisión en cualquier forma o por cualquier medio, sea éste electrónico, mecánico, por fotocopia, por grabación u otros métodos, sin el permiso previo y por escrito del autor. La infracción de los derechos mencionados puede ser constitutiva de delito contra la propiedad intelectual (Art. 270 y siguientes del Código Penal).

Título: *El cambio educativo*
© Óscar Gonzalez
Primera edición: Octubre 2014
http://www.elblogdeoscargonzalez.es

Diseño de portada y contraportada: Alexia Jorques
Edición y maquetación: Alexia Jorques
http://alexiajorques.wordpress.com
info.alexiajorques@gmail.com

*A Bea, Mateo y Elsa
con todo mi cariño, amor e
infinita gratitud.*

*A todas las personas que se
preocupan por mejorar
la educación y que,
conscientes de su
responsabilidad se convierten
en promotores de grandes
cambios.*

ÍNDICE

INTRODUCCIÓN 1

NOTA IMPORTANTE 5

LIDERAZGO EDUCATIVO 7

Cultivar líderes educativos 9

¿Evangelizar en educación? 13

Steve Jobs y la educación (I) 15

Steve Jobs y la educación (II) 19

Nueve consejos para convertirte en un líder educativo eficaz 23

APRENDE MÁS 29

ESCUELA DEL SIGLO XXI 37

¿Para qué sirve la escuela? 39

Hacia una escuela proactiva 43

Éxito y fracaso en la escuela del siglo XXI 47

Manifiesto Holstee en la escuela, un manifiesto para la vida 51

Hacia una nueva arquitectura escolar 55

Es otro aspecto fundamental a la hora de crear un colegio. 58

Gente tóxica en educación 63

Ideas para mejorar el clima de un centro educativo 71

APRENDE MÁS..75

FAMILIA Y ESCUELA..79

Forma parte de la escuela de tus hijos 81

Colabora con la escuela de tus hijos 87

Mensaje a las familias 91

Es final de curso: familia y escuela nos damos las gracias 95

Decálogo para comunicarnos padres y docentes 101

APRENDE MÁS..107

PROFESORES DEL SIGLO XXI..115

El desprestigio del profesorado 117

Ser docente del siglo XXI..123

¿Por qué te gusta ser profesor?..127

El profesor, la clave del cambio 131

APRENDE MÁS..135

EL CAMBIO EDUCATIVO 143

Deberes educativos de la sociedad 145

La bronca educativa 151

Imagina tu vecindario educativo ideal 155

Podemos mejorar la educación: diez propuestas para hacerlo 159

Crea un club de apasionados por la educación 165

El cambio educativo...169

Tú también puedes liderar el cambio educativo 175

APRENDE MÁS 177

Entrevista a Richard Gerver 183

NOTA FINAL 187

AGRADECIMIENTOS 191

Óscar González 193

"Educar es sembrar. Sembrar amor, sembrar consciencia, sembrar humanidad para que crezcan buenas personas, buenos ciudadanos y buenos profesionales"
Álex Rovira

INTRODUCCIÓN

*"Todos sabemos cuáles son los problemas.
Ahora necesitamos concentrarnos en las soluciones"*

Querido lector,

El libro que tienes en tus manos es un conjunto de artículos que he ido escribiendo en estos últimos años en torno a un tema que es urgente abordar: **EL CAMBIO EDUCATIVO**.

La educación vive en un estado permanente de CRISIS y tenemos que sacarla de ahí de manera apremiante si realmente queremos que se adapte a los nuevos tiempos y a las demandas de una sociedad que está experimentado grandes transformaciones y avanzando a una velocidad de vértigo.

La educación ha evolucionado a una "velocidad de crucero" y sigue estancada en un modelo propio de la era industrial. Es momento de que esto cambie y la hagamos avanzar. En palabras de Richard Gerver, todo un referente en liderazgo y cambio educativo:

> «La crisis que rodea a la educación es tan desoladora como cualquiera de las que tenemos planteadas hoy en día. La necesidad de acción y de transformación es tan urgente como ocuparnos del medioambiente en decadencia o de la economía global. Nuestros niños crecen muy rápido. Nos necesitan ya»

Tenemos que aprender de los errores que hemos cometido en el pasado y aprovechar las mejoras que hemos ido consiguiendo. Para ello hemos de establecer **una nueva propuesta** que nos ayude a enfrentar los nuevos retos y problemas que nos iremos encontrando. Está en nuestras manos lograr ese CAMBIO, que solo será una realidad si somos capaces de actuar con una actitud **entusiasta y optimista.**

El libro está organizado en torno a cinco grandes temas que son **claves:**

LIDERAZGO EDUCATIVO

ESCUELA DEL SIGLO XXI

FAMILIA Y ESCUELA

PROFESORES DEL SIGLO XXI

EL CAMBIO EDUCATIVO

A través de estos 28 artículos que he escrito te ofrezco una serie de ideas, propuestas y tareas que te ayudarán a **ponerte en marcha** para que puedas aportar tu granito de arena en este CAMBIO EDUCATIVO. No son recetas mágicas para cambiar la educación, simplemente ideas que pueden ayudar a conseguirlo. En los mismos destaco qué cosas deberíamos mantener tal y como están y qué otras debemos empezar a dejar atrás si queremos avanzar.

Recuerda algo muy importante y que será nuestro punto de partida:

«Para ser parte de la solución tienes antes
que asumir que eres parte del problema»
Stephen Covey

Confío en que la lectura de estos artículos sea constructiva, enriquecedora y además motive a todo aquel que las lea a ponerse en marcha sacándolo de la actitud general de resignación y letargo.

Quedo a tu disposición para recibir los comentarios y sugerencias que desees plantearme así como debatir sobre cualquier aspecto tratado en el libro

Muchas gracias por elegir este libro y dedicarme tu valioso tiempo leyendo estos artículos. Quiero dar las gracias también a los miles de lectores que visitan mi blog a diario y lo enriquecen con sus interesantísimas aportaciones y sugerencias. Mil gracias a todos pues sin vosotros este libro no sería una realidad.

Si al final del libro he conseguido que reflexiones sobre cuestiones que dejamos olvidadas en nuestro día a día y te pones en marcha en la medida de tus posibilidades para establecer cambios, me doy por satisfecho.

Cada vez hay más personas buscando soluciones a los problemas existentes en el mundo de la educación. Este libro hace alusión a Richard Gerver, José Antonio Marina, Ken Robinson, Inger Enkvist, Santos Guerra y a otros; hay miles de personas más que, a su manera y desde su ámbito de acción están contribuyendo cada día a llevar a cabo un CAMBIO positivo en la educación.

A través de estas páginas te ofrezco algunas ideas y propuestas que son clave para cambiar la educación pero te invito a que encuentres las tuyas propias y las pongas en práctica. La educación necesita que cada vez haya más personas que ofrezcan soluciones ante los problemas que se nos presentan.

De una mejora de la educación va a salir beneficiada toda la sociedad. El objetivo último de mejorar la educación es conseguir **hacer de este mundo un lugar más habitable para todos**. Te aseguro que cuando llegues al final de este viaje ya no serás el mismo, te habrás transformado y verás las cosas de otra manera. Espero convencerte de que **otra educación, otra escuela es posible...**

De nuevo, muchas gracias por acompañarme en este reto.

¿Estás listo?

¡Empecemos!

"No basta con saber, también hay que aplicar;
no basta con querer, también hay que actuar"
J. W. Goethe

NOTA IMPORTANTE

Al final de cada artículo, voy a generar un tuit con una frase que resume el contenido del mismo usando el *hashtag* **#cambioeducativo.** Un hashtag se usa para marcar palabras clave o temas en un tuit. Además te doy la oportunidad de que generes tu tuit propio sobre cada uno de los 28 artículos (recuerda que un tuit tiene como extensión máxima 140 caracteres). Como sabrás, Twitter se ha convertido en la red social de *microblogging* más seguida del mundo.

Mi cuenta de Twitter es **@OscarG_1978** y ya tengo un buen número de amigos y seguidores. Solo faltas tú, te espero allí. También te invito a seguir la cuenta de Twitter de este libro **@cambioeducat**

Además, al final de cada capítulo incluyo una serie de ideas y tareas prácticas para que puedas aplicar lo que propongo en los artículos a través de una serie de secciones:

APRENDE MÁS…

5 PASOS PARA LA ACCIÓN

LECTURAS Y VÍDEOS RECOMENDADOS

#PARA REFLEXIONAR

Mi pretensión es que este sea un libro dinámico y que no termine cuando acabes de leerlo sino que éste sea solo el principio y podamos seguir en contacto. Puedes hacer tus aportaciones en forma de ideas y sugerencias a través de mi blog personal, Twitter, mi canal de Facebook, Youtube, etc.

AVISO IMPORTANTE: Como siempre afirmo, es interesante leer un libro que nos enriquezca con nuevas ideas pero es nefasto disponer de esa información y no ponerla en práctica.

LIDERAZGO EDUCATIVO

Óscar Gonzalez

1
Cultivar líderes educativos

Estoy sentado en mi estudio frente al ordenador acompañado de buena música (Mozart suena en mi *Spotify®*). A diario dedico un rato de mi tiempo a pensar y meditar. Me gusta reflexionar sobre lo que acontece en la realidad educativa a la que nos enfrentamos. Te recomiendo que lo hagas con frecuencia, es un buen ejercicio. Déjame que te cuente lo que estaba pensando en este preciso instante:

A tenor de los acontecimientos considero **de urgencia** introducir cambios y novedades en educación si de verdad queremos cambiar el mundo educativo tal y como lo tenemos planteado hoy en día. Cada vez estoy más convencido de que si queremos conseguir **una educación para el siglo XXI** acorde con las necesidades de la sociedad y del mundo globalizado en el que vivimos tenemos que movernos y promover este cambio. Por favor, detente un minuto y hazte la siguiente pregunta: **¿esperando a que las cosas cambien podemos conseguir que cambien?** Evidentemente no. Entonces solo nos queda un camino, ese del que muchas veces huimos por diversos motivos: **la acción**. Y seguimos haciendo las cosas como hasta ahora...

Un buen ejemplo de esto lo tenemos en la resistencia de la escuela a aprender de otras organizaciones e introducir conceptos e innovaciones que son ajenos a la misma pero que bien aprovechados pueden ser de gran utilidad para mejorar la educación. Veamos un caso en concreto: el concepto de **liderazgo**. Se trata de una palabra que causa mucho rechazo por pensar que es algo ajeno al mundo de la educación y se mira con bastante recelo y desconfianza. Pero si observamos con atención a nuestro alrededor comprobaremos que cada vez se habla y se insiste más en la importancia del **LIDERAZGO en las organizaciones** de cualquier tipo: empresariales, deportivas, culturales, etc. Entonces, si en estas organizaciones se han percatado de la importancia del liderazgo y el efecto positivo que produce en las mismas, **¿por qué desde la escuela no le damos la importancia que merece?**

Además, cuando hablamos de **liderazgo** en la escuela la confusión acerca del término hace que las miradas se dirijan de inmediato hacia el equipo directivo, es decir, hacia *los que se encargan de dirigir y organizar el centro educativo*. Y una vez más nos estamos equivocando por completo al actuar de este modo. No podemos asociar liderazgo con cargo o posición, es un gran error. El liderazgo que se deriva de la dirección, de la gestión administrativa y económica no es suficiente para atender las necesidades de los centros escolares. Por supuesto que vamos a seguir necesitando "jefes" pero con otro perfil.

Grandes e importantes organizaciones como la NASA, Microsoft o Apple, por poner varios ejemplos, se han dado cuenta de que *cuanto más rápido consigues que todas y cada una de las personas de la empresa muestren conducta de liderazgo – al margen de su cargo o posición- más rápidamente avanza la organización para alcanzar sus objetivos y ser líder en su campo.* Y yo me pregunto, ¿por qué no podemos hacer esto en la escuela?

Aunque suene un poco extraño, debemos convertir los centros educativos en lugares **donde cada uno de sus miembros piense y actúe como un LÍDER CONSCIENTE**, que promueva iniciativas, proyectos e ideas, dedicando **su tiempo a buscar soluciones en lugar de seguir estancados en los mismos problemas.**

Mostrar liderazgo no significa que cualquiera puede dirigir y organizar el centro ya que en toda organización es necesaria y fundamental una jerarquía. Se trata de *ofrecer las herramientas adecuadas a todos los que trabajan en el centro para que sepan y aprendan qué papel les corresponde en su tarea diaria y* **qué es lo que pueden hacer para dar lo mejor de sí mismos**. En palabras de Robin Sharma *"todos somos capaces de **liderar** sin un cargo"*.

Todos somos capaces de producir un impacto con nuestro trabajo y todos podemos hacer el bien produciendo cambios en nuestro entorno. Tan importante es el papel del director del centro educativo como el de cualquier otro trabajador del mismo así como cualquier persona perteneciente a la Comunidad Educativa. El auténtico liderazgo solo puede construirse desde el objetivo de **trabajar tratando de ayudar a que los demás puedan alcanzar sus metas**.

Hay mucha gente que pierde el tiempo quejándose de lo mal que está todo, contagiando al resto con su pesimismo. Esta actitud promueve inmovilidad, estatismo y resignación. En la actualidad necesitamos **líderes sin cargo** entusiastas que sientan, piensen y actúen como verdaderos **líderes educativos** que trabajan para cambiar la educación desde su entorno inmediato y ayudan a los demás a que puedan colaborar en ese CAMBIO.

Cuando esto sea una realidad empezaremos a hablar de una educación del siglo XXI para el siglo XXI. **Una educación que cambia, crece y se expande sin límites…**

¿Te animas a actuar como un líder educativo en tu centro? Aunque no lo creas, tú puedes ser un LÍDER EDUCATIVO. Tienes en tus manos **el poder de cambiarlo todo**. Este es un buen principio: *"Sé tú mismo un ejemplo del cambio que deseas provocar y adopta el modelo de conducta que deseas fomentar"*.

EL TUIT:

@OscarG_1978

"Nuestro interés principal como educadores debe estar en aprender, y no solo en enseñar" #cambioeducativo

ESCRIBE TU TUIT:

2

¿Evangelizar en educación?

Como muy bien destaca Robin Sharma en su excelente artículo *"¿Qué evangelizas?"*, ser "evangelista" de una idea tiene connotaciones negativas en la sociedad actual. Pero dejando a un lado el significado religioso del término, evangelizar no es más que preocuparse por difundir buenas nuevas. Y eso es lo que urge en la actualidad en el mundo educativo: **gente que difunda buenas noticias y aspectos positivos sobre educación**. Nos estamos acostumbrando a escuchar "lo mal que está todo", al pesimismo imperante en educación, a que sean portada noticias que continuamente nos hablan de fracaso escolar, de bullying, los malos resultados de nuestro país en el famoso informe PISA, etc. Y esto, no debería ser lo normal.

El mundo educativo demanda hoy más que nunca evangelistas educativos: **madres, padres y docentes que hagan grandes cosas, que marquen la diferencia.** Necesitamos verdaderos *"activistas educativos"* llenos de entusiasmo, de energía y satisfacción por difundir un mensaje distinto: **las cosas no están tan mal y entre todos podemos cambiarlas a mejor.** Tenemos una tarea apasionada, no solo una idea que compartir: mejorar la educación entre todos y todas.

No se trata de quejarnos de lo mal que está todo. Hay personas que siempre ven el lado negativo de cada situación: ponen el foco en los inconvenientes pero si realmente queremos cambiar algo es necesario **ACTUAR**.

Empecemos a transmitir este mensaje a todo aquel que esté dispuesto a escucharnos y seguro que poco a poco iniciaremos un **proceso de cambio** en el que cada uno de nosotros se convertirá en un gran protagonista del mismo. Si empiezas a hacerlo desde ahora, sentirás que cuentas y que realmente tu aportación es importante. Y eso es justo lo que necesitamos: gente que aporte buenas ideas que puedan ser llevadas a la práctica.

EL TUIT:

@OscarG_1978

"Hoy podemos empezar a cambiar la educación, ¿por qué esperar a mañana? La decisión es tuya"
#cambioeducativo

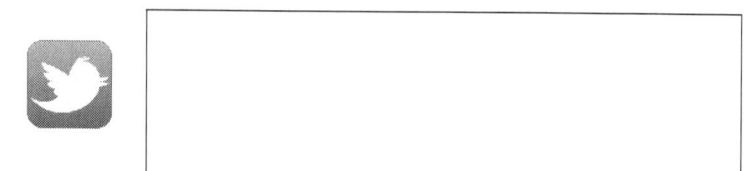

ESCRIBE TU TUIT:

3

Steve Jobs y la educación (I)

Siempre me ha fascinado la figura de **Steve Jobs**, una persona sin titulación universitaria alguna pero dotado de una capacidad *emprendedora y visionaria* sin comparación. Alguien que de la nada fue capaz de construir una poderosa empresa que ha revolucionado el mundo de las tecnologías y las comunicaciones.

Y tú te preguntarás, ***¿pero qué tiene que ver Steve Jobs con la educación?*** Pues bien, me parece interesante relacionar su figura y mensaje con **el mundo educativo**. Es necesario aportar ideas frescas y novedosas a la educación actual y no podemos perder de vista que debemos aprender enriqueciéndonos de las experiencias de otros ámbitos, en este caso del mundo de la empresa y las comunicaciones.

¿Por qué no?, ¿por qué no aplicar algunas de sus ideas a la figura *del nuevo docente*? Me parece sugerente hacer uso de sus brillantes ideas y aprovecharlas para intentar cambiar algunas cosas de la educación actual. En este caso voy a hablarte de la importancia de *poner pasión en aquello que hacemos*. Algo que sirve para cualquier ámbito de nuestras vidas:

Educar con pasión y entusiasmo

Si queremos realizar cualquier actividad y lograr que esta tenga éxito, tenemos que actuar con **entusiasmo y pasión.** La *pasión* es el motor que nos anima a *pasar a la acción, a "ponernos en marcha".* Pues bien, si la pasión es necesaria para cualquier actividad que realicemos en nuestras vidas necesitamos una mayor dosis de pasión si queremos llevar a cabo de manera efectiva **nuestra labor docente.** Los profesores somos los primeros que tenemos que *actuar con pasión por lo que hacemos* y amar nuestro trabajo. Con esta actitud lograremos sacar lo mejor de nuestros alumnos y, además, les estaremos transmitiendo un gran ejemplo y una verdadera lección para sus vidas: *"amad lo que hacéis".* Esta pasión encendida nos motivará a hacer mejor nuestro trabajo.

Tenemos que desterrar de los centros educativos aquellos docentes que no aman su trabajo y que carecen de pasión alguna por educar. No hacen ningún bien a la escuela y mucho menos a sus alumnos. **Nadie carente de pasión por educar puede acabar dedicándose a esta noble tarea.**

Pero, además de actuar con pasión, otra cualidad necesaria en "el nuevo docente" es el *entusiasmo*: necesitamos claustros de profesores entusiastas y con ganas de aprender, con una gran curiosidad y abiertos a todo lo que la vida les presenta. Esta actitud nos ayudará a crecer y a hacer CRECER (en mayúsculas) a nuestros alumnos en todos los sentidos. Nuestra obligación es ser entusiastas y optimistas. De este modo nos convertiremos en auténticos **arquitectos de la escuela que todos queremos.** En uno de sus ensayos Ralph Waldo Emerson escribió: "Cualquier momento grande e importante en los anales del mundo es el triunfo del entusiasmo". ¿Te das cuenta de la importancia del mismo?

Haz este ejercicio: coge una hoja en blanco y un lápiz. Empieza a escribir sobre la escuela y la educación que deseas crear. Después ponte en marcha para que estas ideas se conviertan en una realidad.

Los resultados te sorprenderán... Compruébalo tú mismo.

EL TUIT:

@OscarG_1978

"La pasión es el motor que mueve el mundo"
#cambioeducativo

ESCRIBE TU TUIT:

17

4

Steve Jobs y la educación (II)

No escuches a las personas que te dicen que no se puede hacer

En la actualidad estamos atravesando una dura crisis económica con unas terribles consecuencias a todos los niveles. De algún modo también estamos inmersos en una crisis educativa permanente. Como consecuencia de esto el "virus" que intoxica y se extiende en el mundo educativo es el **"virus del pesimismo"**. Todos los que de una forma u otra formamos parte de la comunidad educativa (padres, madres, docentes, etc.) mostramos una cierta actitud negativa y derrotista. Nos da la sensación de que hagamos lo que hagamos todo lo hacemos mal y esto, al mismo tiempo nos produce un sentimiento de impotencia que nos paraliza.

El mensaje que quiero transmitirte en este artículo es justo el contrario a esta actitud derrotista que acabo de mencionar. Como afirmaba Steve Jobs: **"no escuches a las personas que te dicen que no se puede hacer"**. Es una gran verdad que encierra la clave de lo que quiero transmitirte. Personalmente considero que aquel que dice *que no se puede hacer* es el que no hace nada.

Necesitamos una escuela en la que padres y docentes pasemos a la acción de manera urgente y emprendamos proyectos que ayuden a mejorar la educación. Conozco muchos centros educativos que ya están trabajando en esta dirección con unos excelentes resultados: me vienen a la mente el Colegio Montserrat, el Ciudad del Mar de Torrevieja, etc.

Estoy harto de escuchar que la mayoría de docentes y familias no se implican en la educación. Creo que no es cierto. Lo que ocurre es que los seres humanos nos movilizamos cuando alguien es capaz de movilizar nuestras emociones. Y ese es precisamente el trabajo que tenemos que desarrollar: movilizar a la gente y mostrarles que **es posible cambiar muchas cosas**, que está en nuestras propias manos. Si queremos alcanzar nuestros objetivos, es decir que nuestra VISIÓN sea una realidad debemos preocuparnos por las personas a las que lideramos y motivarlas para que ellas mismas pasen a la acción. ¿Cómo podemos hacerlo? Por ejemplo:

- ✓ *Manteniendo a nuestro equipo motivado y con ganas por lo que están haciendo.*
- ✓ *Trabajando la resistencia al cambio.*
- ✓ *Celebrando cada pequeño éxito de nuestro equipo.*
- ✓ *Manteniendo informado a nuestro equipo en todo momento.*
- ✓ *Permitiendo a los miembros de tu equipo también desarrollen destrezas de liderazgo.*

Como diría mi amiga María Graciani necesitamos más GEFES (GEstores de FElicidad) y menos JEFES.

Nadie va a venir a hacerlo por nosotros. Como muy bien afirma Robin Sharma *"el mundo lo ha construido gente que se sentía descontenta de cómo eran las cosas y sabía que podía hacerlas mejor"*. Steve Jobs era una de esas personas que no estaba nada satisfecho de cómo eran las cosas y consiguió mejorarlas en muchos aspectos. En una ocasión, fruto de su megalomanía llegó a afirmar: "quiero cambiar el mundo". Una aseveración que le ayudaba e impulsaba a buscar lo mejor y a producir cambios desde el convencimiento de que realmente podía hacerlo. De hecho, esta es una frase que como buen líder no debes olvidar:

"Si uno cree en lo que está haciendo, que deje que nada entorpezca su trabajo. Buena parte del mejor trabajo del mundo se ha realizado en contra de todas las posibilidades" Dale Carnegie

Un consejo, rodéate de gente optimista que al igual que tú avancen convencidos de que un CAMBIO es posible y necesario. La educación demanda hoy más que nunca optimistas educativos encendidos de entusiasmo y pasión por mejorar este mundo. El optimismo conduce a los logros. Los optimistas poseen un **poder creativo** que los pesimistas no tienen ni jamás tendrán. Como puedes ver de nuevo, el trabajo empieza por uno mismo...

En palabras del propio Jobs:

*"Lo único que no puedes hacer es ignorarlos porque son los que empujaron a la humanidad hacia delante. Y, mientras que algunos pueden verlos como unos locos, nosotros los vemos como genios porque **la gente que está tan loca como para pensar que puede cambiar el mundo son los que lo hacen**".*

¿Empezamos?

EL TUIT:

@OscarG_1978

"Aquel que dice que no se puede hacer es el que no hace nada para conseguirlo"
#cambioeducativo

ESCRIBE TU TUIT:

5

Nueve consejos para convertirte en un líder educativo eficaz

A estas alturas te habrás dado cuenta que me apasiona el tema del **liderazgo educativo** y estoy convencido de que todos podemos prepararnos para liderar el cambio educativo. Todos jugamos un papel muy importante en este cambio. Todos somos importantes y necesarios...

Generalmente cuando hablamos de **liderar** a la mente nos vienen imágenes de hombres y mujeres que en periodos difíciles se alzan de manera heroica para cambiar el rumbo de los acontecimientos. Los idealizamos como unos auténticos héroes. Nada más lejos de la realidad, olvídate por completo de esa imagen de liderazgo. **Liderar** según Lloyd Bard es *"tener la capacidad para influir en otras personas con el fin de lograr unas metas comunes"*. Ateniéndonos a esta definición podemos afirmar que hay padres que lideran, profesores que lideran, centros educativos que lideran, etc. Pero lo más importante de todo: **tú mismo estás en disposición de poder liderar**. Probablemente ya lo estás haciendo sin que seas consciente de ello.

Como ya he comentado en un artículo anterior, *todos podemos y debemos ser capaces de liderar*, es decir influir en algunas personas sin tener por qué ocupar o ejercer algún cargo directivo. Te recomiendo la lectura y estudio pausado del libro *"El líder que no tenía cargo"* de Robin Sharma.

En este artículo me gustaría ofrecerte algunos consejos e ideas que pueden ayudarte a convertirte en un **LÍDER EDUCATIVO EFICAZ**. Estas son 9 de ellas:

1. **Céntrate en el futuro, establece una visión** (una imagen de lo que quieres conseguir) y trabaja cada día con ilusión y empeño para poder conseguirlo. Transmite a los demás esta visión. En plena era tecnológica puedes aprovechar en tu centro educativo el uso de las TIC para poder llegar a más personas a través de las redes sociales, blogs, páginas web, etc. con un objetivo claro y definido: sumar gente interesada en cambiar y mejorar la educación. En palabras de Ayn Rand: *"La visión de un logro es el mejor regalo que un ser humano puede ofrecer a otros"*.

2. **El camino del cambio no es nada sencillo.** A lo largo del mismo van a surgir problemas y conflictos. Deberás estar preparado para asumir riesgos y, de vez en cuando, sentirte "incomprendido". En ocasiones tendrás la sensación de que estás nadando a "contracorriente". No te preocupes, es señal de que vas por el buen camino aunque a ti te parezca lo contrario. Despertarás celos, envidias, rencores, etc. de gente pesimista y tóxica que no hace nada pero que tampoco deja hacer a los demás.

3. **Has de ser persistente.** A pesar de los obstáculos con los que te encontrarás mantente firme y con una visión positiva para conseguir tu objetivo. Practica la paciencia porque te va a hacer mucha falta.

4. **Liderar es COMUNICAR.** Actúa como un gran comunicador: publica artículos de opinión, escribe cartas al director, prepara reuniones, etc. Aprende a hablar en público sin miedo: prepárate, practica, ensaya... Pero sobre todo aprende a ESCUCHAR atentamente las preocupaciones de los demás: recoge las ideas y aportaciones de toda la gente que vas encontrándote en tu camino. APRENDE cada día de todo y de todos. *"Cuanto más profundas sean tus relaciones más fuerte será tu liderazgo"* (Robin Sharma)

5. **Mantén la calma en medio de cualquier conflicto**: demuestra tu equilibrio interno que te hará dominar todo tipo de situaciones.

6. **Trabaja tu "autoconocimiento"** y reconoce tus tanto tus fortalezas como tus debilidades. Eres un modelo de conducta para los demás y debes actuar como tal.

7. **Sé afable y demuestra que eres capaz de ponerte en el lugar del otro** atendiendo sus necesidades, preocupaciones y objetivos personales y profesionales. La empatía es más que necesaria para un líder eficaz.

8. **Cultiva el sentido del humor.** Te servirá para desdramatizar y disminuir la tensión dentro de cualquier grupo. Has de aprender a reírte hasta de ti mismo. No te tomes tan en serio: liderazgo no equivale a seriedad y mal humor.

9. Un último consejo: *"sé tu mismo un ejemplo del cambio que deseas promover y adopta el modelo de conducta que intentas fomentar"*.

Y recuerda algo importante, hay una gran diferencia entre **mandar** y **liderar**. Por desgracia muchos equipos directivos de los centros educativos basan su labor en la gestión y control del mismo, es decir pretenden que la escuela consiga sus objetivos simplemente "mandando" pero así actúan los jefes no los líderes. En la **Escuela del siglo XXI** donde el medio cambia tan aceleradamente esto no es suficiente, demanda **personas que influyan en los demás** para alcanzar una meta común y todos pueden ejercer un liderazgo consciente y efectivo desde la posición que ocupan.

Necesitamos una Escuela con docentes que lideren y familias que también lo hagan promoviendo un espíritu de cambio y compromiso. No es una utopía sino una realidad necesaria si de verdad queremos transformar la sociedad. Pero es importante subrayar que como afirma Andrew Carnegie *"Nadie puede ser un gran líder si desea hacerlo todo él mismo o adjudicarse todo el mérito"*.

Plantéate una última cuestión: **¿quieres ser un líder o un seguidor?**

EL TUIT:

@OscarG_1978

"De manera apacible, se puede sacudir el mundo" Gandhi #cambioeducativo

ESCRIBE TU TUIT:

Óscar Gonzalez

LIDERAZGO EDUCATIVO

APRENDE MÁS...
¿Qué es el liderazgo?

Según Wikipedia **liderazgo** es:

- Un conjunto de habilidades que un individuo tiene para influir en la mente de las personas o en un grupo de personas determinado, haciendo que este equipo trabaje con entusiasmo en el logro de metas y objetivos.
- La capacidad de tomar la iniciativa, gestionar, convocar, promover, incentivar, motivar y evaluar a un grupo o equipo.

Como ya he señalado en el primer artículo que acabas de leer, el LIDERAZGO no se limita única y exclusivamente al ámbito de la empresa sino que puede ser aplicado a infinidad de contextos en nuestra vida. Por tanto, **¿no crees que sería interesante aplicar este concepto al ámbito educativo?** Comprobarás que la presencia de un líder (o de varios) en el centro se hace notar pero también podrás comprobar las consecuencias de la ausencia de un líder en el mismo. ¿Qué consecuencias son estas?

- SI hay un líder = ORDEN/CLARIDAD
- NO hay un líder = DESORIENTACIÓN/CAOS

¿Qué es necesario para liderar?

El liderazgo exige:

- Habilidades de COMUNICACIÓN: es esencial escribir y hablar de forma convincente. También es necesaria la escucha ACTIVA.

- Capacidad para RESOLVER CONFLICTOS: el líder debe abordar los conflictos que surjan en su equipo. Debe analizar el conflicto, reflexionar sobre el mismo y buscar una solución.

- Habilidades para GESTIONAR GRUPOS: una de las prioridades del líder es el bienestar de su equipo. Por este motivo debe saber cómo tratar a cada uno de los miembros del mismo.

- Saber MOTIVAR/CONVENCER/INSPIRAR para lograr un objetivo común. Como afirma Félix Torán *"cuando no existe motivación, todos pierden (incluido usted). Cuando existe motivación todos ganan (incluido usted)"*. Recuerda: **los buenos líderes tienen equipos motivados.**

¿Qué perfil deben tener los líderes educativos?

Según Lourdes Bazarra y Olga Casanova, en el mundo educativo actual **son más necesarias que nunca personas singulares, alejadas de la mediocridad** que reúnan las siguientes características:

- ✓ Inconformistas.
- ✓ Desarrollen nuevas ideas y proyectos.

- ✓ Generadores de cambios.
- ✓ Provoquen implicación, entusiasmo y progreso.
- ✓ Capacidad ejecutiva y estratégica.
- ✓ Supriman rutinas y modelos obsoletos.
- ✓ Generen ilusión y entusiasmo.
- ✓ Dosis equilibrada de realismo, imaginación y creatividad.

5 PASOS PARA LA ACCIÓN

1. **Intenta detectar si existe liderazgo en tu centro educativo**, quién lo ejerce y de qué forma lo hace.

2. **Autoevalúate para saber si eres un buen líder.** He preparado el siguiente ejercicio para que te autoevalúes con respecto a las **competencias de liderazgo** del 1 al 5 (1 indica carencia y 5, un área en la que destacas). Evalúa con sinceridad las siguientes características que posee **un buen líder**:

Competencias de liderazgo	1	2	3	4	5
1. Visión de futuro					
2. Actitud positiva (optimismo)					
3. Dedicación					

4. Iniciativa					
5. Trabajo en equipo					
6. Capacidad de comunicación					
7. Compromiso					
8. Equilibrio					
9. Capacidad de aprendizaje					
10. Capacidad de organización					
11. Motivación					
12. Sentido del humor					
13. Empatía					
14. Entusiasmo					
15. Tolerancia a la presión					
16. Delegar funciones					
17. Resolución de conflictos					

Una vez realizado este ejercicio de autoevaluación, empieza a trabajar para desarrollar y mejorar aquellas áreas en las que has obtenido menor puntuación.

3. **Plantéate las siguientes cuestiones a diario:**

    - ¿Qué he hecho hoy exactamente para "ser de utilidad" a los miembros de mi equipo (ciclo, claustro, etc.)?

    - ¿He estado realmente a "su servicio"?

    - ¿He prestado atención a las ideas de todo el mundo?

4. **Haz uso del poder del elogio.** El elogio es una poderosa herramienta que podemos utilizar continuamente. Es muy importante que reconozcamos y valoremos el trabajo diario de nuestros compañeros de manera constante con independencia del nivel de jerarquía, tratando a todos con respeto y consideración. Dejemos a un lado nuestros "egos" y el individualismo que impera en los centros. Como afirma Marina *"se ha terminado el tiempo del profesor aislado, encerrado en su aula: educa el claustro entero"*.

    > *Recuerda:* un buen líder ayuda a los demás a conseguir el éxito.

    > *Importante:* No hace falta que pertenezcas al equipo directivo de tu centro para que hagas uso de esta poderosa herramienta.

5. **Organiza un grupo de trabajo en tu centro.** Este trabajo puede ser llevado a cabo por el claustro entero o bien por equipos más pequeños. En estos grupos podéis abordar los siguientes temas propuestos (se pueden proponer muchos más):

    - *Liderazgo*

- *Cambio educativo*
- *Los 7 hábitos de la gente altamente efectiva*
- *Inteligencias múltiples*
- *Comunicación efectiva familia-escuela*

"Habla con gente aburrida y tendrás ideas aburridas; habla con gente creativa y puede que tengas ideas creativas" Tom Peters

LECTURAS Y VÍDEOS RECOMENDADOS

LECTURAS

- "El líder que no tenía cargo" Robin Sharma.
- "Atrévete a ser un líder" Félix Torán.
- "Éxito coach" M.J. Roldán.
- "Directivos de Escuelas Inteligentes" Lourdes Bazarra y Olga Casanova.

VÍDEOS

- *Seminario liderazgo (Robin Sharma)*
  https://www.youtube.com/watch?v=d5NVVuPO3so

- *Un nuevo liderazgo para una nueva educación (Álvaro Marchesi)*
  https://www.youtube.com/watch?v=nfcVSSfN6bA

- *Lecciones de liderazgo (Steve Jobs)*
  https://www.youtube.com/watch?v=NO7QFnGK3qs

#PARA REFLEXIONAR

- *"El liderazgo se define como la capacidad de inspirar y motivar a los seguidores"* Warren G. Bennis.

- *"He aprendido con el paso de los años que cuando cuentas con gente muy buena no necesitas estar siempre encima de ellos"* Steve Jobs.

- *"Liderar es ayudar tangiblemente a los demás a conseguir el éxito"* Tom Peters

- *"El liderazgo se centra en las personas. Mi definición de un líder es alguien que ayuda a los demás a conseguir el éxito"* Carol Bartz

El cambio educativo

ESCUELA DEL SIGLO XXI

Óscar Gonzalez

6

¿Para qué sirve la escuela?

Hace unos días leí un interesantísimo artículo de **Miguel Ángel Santos Guerr**a en su fantástico blog *"El Adarve"*. Un artículo que hizo que me planteara la siguiente cuestión: **¿Para qué sirve la escuela?** Una cuestión que, por cierto, todos los que trabajamos en la escuela deberíamos plantearnos en algún momento. Es urgente que reflexionemos y nos cuestionemos sobre **el sentido de nuestra tarea**. La escuela no se puede convertir en un lugar donde hacemos las cosas de manera mecánica y rutinaria: *"como se hizo el curso anterior"*.

Comparto contigo el texto del artículo de Santos Guerra que tanto me impactó:

"Una maestra le pide a los niños que escriban en un hoja cuál es su juguete preferido. Los niños lo hacen diligentemente. Cuando han terminado, la maestra añade una segunda demanda:

- *Ahora vais a escribir debajo del dibujo de vuestro juguete preferido el nombre del niño o de la niña con quien os gustaría compartirlo.*

Todos van realizando la tarea. Escriben el nombre de un amigo, un hermano, una prima, un compañero de clase... Todos, menos una niña que le susurra a su compañera de pupitre:

- *Yo no quiero escribir ningún nombre. Yo no quiero*

compartir el juguete con nadie.

La amiguita, le dice, también al oído, aplicando las leyes de la lógica escolar:

- *Hazlo, tonta. ¿No ves que es solo para la maestra?*

Observación práctica que se puede traducir así: Pon el nombre para que no tengas problemas, pero no te preocupes, que esto que escribes no tiene nada que ver con la realidad, con la vida. Escribe el nombre de quien quieras, que da igual. No vas a tener que compartir el juguete si no quieres".

Como puedes observar, una anécdota que nos ofrece un mensaje claro y contundente: **lo separada y alejada que está la escuela de la vida.** Y nos conduce a plantearnos una gran cuestión: **¿Educamos para una vida real o trabajamos aislados, de espaldas al mundo?**

Por tanto, es necesario que nos tomemos un tiempo para **repensar la escuela** haciéndonos preguntas e intentado contestarlas con absoluta sinceridad y autocrítica. Algunas de las preguntas que se me ocurren son:

- *¿Para qué sirve la escuela?*
- *¿Es una escuela que ha evolucionado o sigue anclada en el pasado?*
- *¿De qué forma podemos mejorar la escuela?*
- *¿Qué deberíamos cambiar en la escuela para ayudar a los jóvenes a que encuentren su lugar en la sociedad del siglo XXI?*
- *¿Qué escuela queremos?*
- *¿Educamos para la vida o simplemente impartimos un "currículum"?*
- *¿Qué es lo prioritario nuestros alumnos o cumplir con la burocracia rellenando papeles?*

- *etc.*

Dar respuesta cada una de estas cuestiones no significa que todos debamos pensar lo mismo, actuar del mismo modo y no manifestar nuestras discrepancias sino más bien todo lo contrario: significa algo tan elemental como *saber y conocer lo que pretendemos, qué ocurre con lo que hacemos y qué tenemos que hacer para mejorar las cosas.* Las respuestas serán variadas y de ello nos vamos a enriquecer todos.

Por tanto, tenemos que ir dando respuesta a cada una de esas preguntas y plantear otras más para empezar a **introducir cambios y mejoras en la escuela** pues como muy bien afirma **Richard Gerver** *"Nos hemos pasado demasiado tiempo intentando remendar el sistema existente en vez de iniciar **un cambio**. Debemos ser más valientes, visionarios y capaces de mirar más al futuro y menos al pasado".* Y este tiene que ser nuestro objetivo prioritario: **convertir la escuela no solo en un lugar donde se enseña sino en un lugar que también aprende. Necesitamos escuelas que aprendan para poder iniciar este cambio tan necesario.**

Nunca debemos perder de vista que la educación que ofrecemos a nuestros hijos y alumnos **es una educación para la vida.** Estamos hartos de teorías pedagógicas y educativas que en el papel son preciosas pero luego no se ajustan a nuestra realidad en las aulas.

Te invito a que empieces a dar respuesta a cada una de las cuestiones que planteo y que propongas tú otras tantas. Entre todos podemos **crear la escuela que queremos.** Ya lo sabes, del creer al crear solo hay una letra de diferencia...

EL TUIT:

@OscarG_1978

"Empieza a cambiarte a ti mismo si quieres cambiar tu entorno próximo" #cambioeducativo

ESCRIBE TU TUIT:

7

Hacia una escuela proactiva

Para poder avanzar y evolucionar en nuestras vidas personales tenemos que ser **"proactivos"** es decir, **ser capaces de actuar en lugar de reaccionar**. El término "proactivo" fue acuñado por **Viktor Frankl** aunque fue años más tarde cuando lo popularizó **Stephen R. Covey** a través de su magnífico libro *"Los siete hábitos de las personas altamente efectivas"*.

En su libro Covey clasifica a las personas en dos categorías: las personas **proactivas** y las personas **reactivas**.

Llevo un tiempo observando y estudiando las características de estas personas y he llegado a la conclusión de que esto es completamente aplicable a los grupos, a las organizaciones que también las podemos calificar de proactivas o reactivas. En este artículo me gustaría aplicarlo al mundo educativo que es el que mejor conozco y en el que me desenvuelvo a diario. Por este motivo me gustaría hablarte de dos tipos de escuelas: las *"escuelas proactivas"* y las *"escuelas reactivas"* según la actitud de los miembros de éstas ante los acontecimientos:

Escuelas reactivas: Los miembros que las integran

son esclavos de las circunstancias, del momento transitorio y sobre todo de su ambiente. Por ello solo sienten seguridad cuando el entorno es favorable pero cuando no es así, todo se tuerce. Dependen tanto del medio y de las circunstancias que

dirigen su atención hacia los defectos de los demás compañeros, **hacia las dificultades** coyunturales y las circunstancias sobre las que no tienen ningún tipo de control. Esta actitud negativa contagia al resto del grupo y **en lugar de buscar soluciones pierden el tiempo buscando culpables.** Se pasan el día quejándose de lo mal que está todo: las familia, los alumnos, la administración, el resto de compañeros, etc. Todo está mal pero no ponen remedio...

- **Escuelas proactivas:** Por el contrario, los miembros

de las escuelas que denomino "proactivas" tienen una actitud completamente diferente ya que por muchos cambios que se produzcan a su alrededor *son ellos los que eligen **cómo reaccionar ante estos***. Es decir, no se preocupan tanto por la situación que se les presenta sino que **centran sus esfuerzos en ver qué pueden hacer para promover un cambio positivo.** Esta actitud optimista ejerce una gran influencia sobre el resto del grupo.

La proactividad es el primer hábito que destaca Covey en su libro sobre la efectividad. Por tanto, si queremos **"Escuelas altamente efectivas"** éstas deben actuar con gran proactividad.

Los otros seis hábitos restantes que señala Covey también los he aplicado a la escuela de la siguiente forma:

- **Comenzar con un fin en mente:** es muy importante que

desde los centros educativos tengamos muy claro cuál es nuestro objetivo principal para que nuestras acciones se dirijan hacia algo verdaderamente significativo para nosotros. Por desgracia no siempre se actúa de esta forma pues son muchos los centros donde se cae en la rutina, en la repetición excesiva y se acaban haciendo las cosas *"como se hicieron el curso anterior"*, sin ningún propósito claro y definido.

- **Poner primero lo primero:** todavía somos esclavos de una estúpida burocracia que nos hace perder un tiempo precioso que podríamos dedicar para atender a las familias, poner en marcha proyectos e ideas innovadoras, crear un clima positivo, etc. En palabras de Santos Guerra: *"hay que preguntarse con seriedad y urgencia: ¿Cuántas horas de trabajo burocrático asumen los profesionales de la educación? ¿Cuántas horas se dilapidan entregadas a tareas absurdas que no sirven para nada? ¿Cuánto aburrimiento se acumula en las mentes y en el corazón de los docentes por estas iniciativas cada vez más ridículas?"* Esto merece una seria y profunda reflexión por parte de todos.

- **Pensar en ganar/ganar (beneficio mutuo):** como muy bien destaca J.A. Marina *"se ha terminado el tiempo del profesor aislado"* pues *"es el claustro entero el que educa"*. Una organización inteligente tiene claros sus fines, detecta con rapidez los problemas y sabe resolverlos eficazmente. Tenemos que fomentar un auténtico trabajo cooperativo donde TODOS seamos importantes. Para ello hemos de establecer una verdadera *cultura de centro*. Un centro educativo en el que no hay un único líder sino que es el claustro entero el que lidera. Citando de nuevo a Marina, el centro educativo debe *"saber unir el talento de sus profesionales, el ambiente de trabajo, un buen equipo de dirección y un buen proyecto pedagógico"*.

- **Comprender primero y después ser comprendido:** es decir, adoptar una actitud de apertura para mejorar la comunicación con las familias. Estamos demasiado ocupados en "querer ser comprendidos" y nos falta establecer relaciones humanas efectivas tanto con nuestros compañeros como con las familias. Nos pasamos la vida comunicándonos de forma oral o escrita pero dedicamos poco tiempo a practicar la "escucha activa".

- **Lograr sinergias:** Hemos de aprender a establecer sinergias entre los miembros del equipo y también con otros centros educativos. Esto será posible cuando entendamos que la síntesis de ideas divergentes produce ideas mejores y superiores a las ideas individuales. Hemos de evitar enfrentamientos inútiles y estériles que intoxican el clima del centro. El hábito de sinergizar implica entonces la **cooperación creativa y el trabajo en equipo.**

- **Afilar la sierra(mejora constante):** Este debe ser el objetivo fundamental de una escuela proactiva, **una renovación constante** para promover cambios y mejoras en el centro.

En definitiva, estos son los hábitos que nos ayudarán a constituir y establecer *escuelas altamente efectivas del siglo XXI.*

EL TUIT:

@OscarG_1978

"Debemos ser capaces de actuar en lugar de reaccionar" #cambioeducativo

ESCRIBE TU TUIT:

8

Éxito y fracaso en la escuela del siglo XXI

Me gustaría compartir contigo algunas ideas sobre un tema de especial importancia en la educación actual: el concepto de *éxito y fracaso* que tenemos en la escuela de hoy.

Nuestro modelo educativo ha quedado anclado en el pasado, ajeno a los grandes desafíos y transformaciones sociales actuales. Además es un modelo que no prepara a nuestros alumnos para ese futuro incierto que está por venir. Por este motivo es necesario **movilizarnos** para cambiarlo. En el **actual modelo educativo**, el **éxito** se mide en función de los exámenes aprobados y los alumnos más inteligentes y capacitados son aquellos que obtienen las mejores calificaciones. Entonces, ¿qué ocurre con el resto de alumnos? Pues muchos de ellos se van quedando en el camino… dejando de intentar las cosas **por no fracasar.**

"Arriésgate. Toda la vida es un riesgo. La persona que llega más lejos es generalmente la que está dispuesta a irse y se atreve a hacerlo. El barco seguro nunca se aleja de la orilla" Dale Carnegie

Nuestro objetivo como educadores debe ser trabajar con estos alumnos que tienen una imagen negativa de sí mismos y hacerles ver que **no son peores alumnos por obtener unas calificaciones**

más bajas. Además tenemos que insistir en que no deben abandonar, que lo tienen que intentar... Valdría la pena recordarles lo siguiente:

"Siempre fallarás el tiro que no tires"

Nuestros hijos y alumnos no pueden perder esa capacidad de arriesgarse, de intentarlo por miedo a fracasar... Y tenemos que cambiar esto con urgencia.

Como muy bien afirma Richard Gerver *"si queremos crear un sistema educativo que verdaderamente ponga en juego el potencial de cada individuo y que los prepare para liderar los desafíos del futuro, **tenemos que cambiar la naturaleza del concepto de fracaso y de la noción de riesgo"***. El hecho de cometer errores es una parte más del **proceso de aprendizaje** y no podemos estar continuamente condenando el error. Solo cuando cometemos errores, cuando tenemos la **oportunidad** de fracasar, aparece la oportunidad de aprender.

"El éxito es casi siempre el resultado de la suma de fracasos"

Siguiendo con R. Gerver, *"la educación no puede ser en blanco y negro, ni puede consistir en estudiar para aprobar exámenes; es mucho más importante. El éxito educativo no debería medirse en proporción inversa a las marcas rojas en un papel, ni por nuestra demostrada valía académica"*. La educación es algo mucho más profundo y transformador que todo eso: tiene que ver con saborear los desafíos y aprovechar las oportunidades considerando los errores como una oportunidad para **aprender y CRECER**.

Este tiene que ser uno de los objetivos de la Escuela del siglo XXI: centrarnos en las capacidades y talentos de cada niño y no reducirlo todo al aprendizaje de una serie de contenidos. En palabras de Ken Robinson *"la educación está reprimiendo los talentos y habilidades de muchos estudiantes; y está matando su motivación por aprender".*

En el **nuevo modelo educativo** tenemos que trabajar para permitir que cada niño realice un viaje interior y le permita descubrir lo que el propio **Ken Robinson** denomina *"su elemento"*, es decir descubrir aquello que te **apasiona y te hace feliz**. Porque ese es al final el objetivo último de la educación: formar **personas felices**. Y ahí también estamos fallando porque les decimos frases del tipo:

- *"¿Para qué quieres estudiar música si no vas a vivir de ella?*
- *¿Para qué quieres hacer teatro si con eso no vas a ninguna parte?*
- *Total, no vas a ser un gran pintor. No pierdas el tiempo.*

No dejamos a nuestros hijos y alumnos que **busquen en su interior** aquello que les apasiona y se dediquen a ello con todo su empeño. Debiéramos recordar que

"Si amas lo que haces no tendrás ni un solo día de trabajo"

Confucio

La escuela en colaboración con la familia debe permitir y favorecer esta búsqueda de **"el elemento"** por parte de cada uno de los alumnos. Estamos *"dando por perdidos"* algunos alumnos mal "etiquetados" que estoy convencido que esconden un potencial extraordinario en su INTERIOR y, por desgracia, no nos dedicamos a sacar a la superficie todo este potencial. Debemos encaminar el trabajo de la **nueva educación** en ese sentido.

Recientemente leí en Twitter una frase de Ricardo Huguet contundente que resume muy bien lo que estoy comentando:

"¿Qué hemos hecho para que nuestros hijos entren en el sistema educativo queriendo ser astronautas y salgan queriendo ser funcionarios?"

Es momento de trabajar **unidos** para establecer un nuevo modelo educativo donde cambie por completo el concepto de éxito y fracaso. Vivimos en un mundo globalizado, cambiante que va a demandar personas emprendedoras capaces de gestionar el éxito y sobre todo capaces de aprender de sus fracasos. Esta será una labor fundamental de *la Escuela que queremos para el siglo XXI* donde los aprendizajes deben ser multidireccionales. Podemos empezar a configurarlo. ¿No te parece?

EL TUIT:

@OscarG_1978

"Aprovechemos los errores como una oportunidad de aprender y crecer"
#cambioeducativo

ESCRIBE TU TUIT:

9

Manifiesto Holstee en la escuela, un manifiesto para la vida

En un artículo anterior te planteaba la siguiente cuestión, *¿para qué sirve la escuela?* En el mismo te he hablado de algo muy importante: de lo **separada** que está la escuela de la vida y la vida de la escuela. Como acertadamente afirma Montserrat del Pozo, directora del Colegio de Montserrat *"se ha de educar para la vida y para formar personas"*. Este es quizás uno de los puntos débiles de la Escuela actual ya que en muchas ocasiones educamos de espaldas a la realidad obsesionados con el día a día, con impartir materias y contenidos sin tener en cuenta que **el alumno ES el verdadero protagonista del aprendizaje.**

Por este motivo te presento el **"Manifiesto Holstee"** al que llegué hace un tiempo gracias al blog de Alfonso Alcántara @yoriento. Estoy convencido de que es un manifiesto que se puede y se debe transmitir a nuestros alumnos y a sus familias porque encierra una enorme sabiduría. Es toda una **guía para la vida** que incluye propuestas sencillas pero contundentes. El Manifiesto está elaborado por Holstee, una firma neoyorquina dedicada al diseño sostenible de productos (moda, accesorios, etc.) Se pueden adquirir carteles originales desde su web.

Veamos cuáles son las **14 propuestas** del manifiesto:

1. Esta es TU VIDA. Haz lo que amas y hazlo con frecuencia. (MOTIVACIÓN)

2. Si no te gusta algo, cámbialo. (INICIATIVA)

3. Si no te gusta tu trabajo; renuncia. (RIESGO)

4. Si no tienes suficiente tiempo, deja de ver la TV. (PRIORIZA)

5. Si estás buscando el amor de tu vida; detente. Te estará esperando cuando empieces a hacer las cosas que amas. (COHERENCIA)

6. Deja de analizar demasiado, la vida es simple. (ACTÚA)

7. Todas las emociones son hermosas. (SIENTE)

8. Cuando comas, aprecia hasta el último bocado. (DISFRUTA)

9. Abre tu mente, brazos y corazón a nuevas cosas y gente, estamos unidos en nuestras diferencias. (ACEPTA)

10. Pregúntale a la próxima persona que veas cuál es su pasión, comparte tu sueño inspirador con ella. (COMUNICA)

11. Viaja frecuentemente porque perdiéndote te encontrarás a ti mismo. (EXPERIMENTA)

12. Algunas oportunidades solo se presentan una vez, aprovéchalas. (PRUEBA)

13. La vida es acerca de la gente que conoces y las cosas que creas con ellas, así que sal y comienza a crear. (CONSTRUYE)

14. La vida es corta, vive tu sueño y comparte tu pasión. (APROVECHA)

ESTA ES TU VIDA.
HAZ LO QUE AMAS, Y HAZLO FRECUENTEMENTE.
SI NO TE GUSTA ALGO, CÁMBIALO.
SI NO TE GUSTA TU TRABAJO, RENUNCIA.
SI NO TIENES SUFICIENTE TIEMPO, DEJA DE VER TELEVISIÓN.
SI ESTÁS BUSCANDO EL AMOR DE TU VIDA, DETENTE;
TE ESTARA ESPERANDO CUANDO EMPIECES A HACER LAS COSAS QUE AMAS.
DEJA DE ANALIZAR DEMASIADO, **LA VIDA ES SIMPLE.** TODAS LAS EMOCIONES SON HERMOSAS. CUANDO COMAS, APRECIA CADA ÚLTIMO BOCADO.
ABRE TU MENTE, BRAZOS Y CORAZÓN A NUEVAS COSAS Y GENTE, ESTAMOS UNIDOS EN NUESTRAS DIFERENCIAS.
PREGÚNTALE A LA PRÓXIMA PERSONA QUE VEAS CUÁL ES SU PASIÓN, Y COMPARTE TU SUEÑO INSPIRADOR CON ELLA.
VIAJA FRECUENTEMENTE; PERDIÉNDOTE TE ENCONTRARÁS A TI MISMO.
ALGUNAS OPORTUNIDADES SÓLO LLEGAN UNA VEZ, APROVÉCHALAS.
LA VIDA ES ACERCA DE LAS PERSONAS QUE TE RODEAN, Y LAS COSAS QUE CREAS CON ELLAS.
ASÍ QUE SAL Y COMIENZA A CREAR.
LA VIDA ES CORTA. VIVE TU SUEÑO, Y VISTE TU PASION.

EL MANIFIESTO HOLSTEE ©2009
DESIGN BY HDmarionetTe ©2012

¿Qué te ha parecido? Como puedes comprobar, se trata de una auténtica guía para la vida que puede llevarnos a una enorme transformación interna. Es cierto que no nos descubre nada nuevo pero nos recuerda cosas que, por desgracia, no las solemos tener en cuenta en nuestro día a día.

El manifiesto es una buena forma de actualizarnos y tener siempre presentes estas ideas. Quizás deberíamos empezar por aplicárnoslas a nosotros mismos para después poder transmitirlas a nuestros hijos y alumnos pues como siempre afirmo **"tus hijos** *siguen tus pasos, debes convertirte en su mejor guía ya que tú eres su mayor ejemplo".*

Una última cuestión, ¿con cuál de estas 14 ideas o propuestas del manifiesto te quedarías tú?, ¿con cuál te sientes más identificado? Yo ya he elegido.

Fuente de la imagen: http://www.coaching-tecnologico.com/el-manifiesto-holstee/

EL TUIT:

@OscarG_1978

"Haz lo que amas y hazlo con frecuencia"
#cambioeducativo

ESCRIBE TU TUIT:

10

Hacia una nueva arquitectura escolar

Hay un aspecto que en ocasiones perdemos de vista pero que considero de especial importancia en la **Escuela del siglo XXI**. Se trata de su **arquitectura**. Del mismo modo que no podemos seguir trabajando y aprendiendo como se hacía hace cincuenta años hemos de tener en cuenta que los espacios, la luz, el mobiliario, la disposición de las aulas, etc. **tampoco pueden seguir siendo los mismos.** Es necesaria **una auténtica transformación de la arquitectura escolar.** Creo que aquí también es necesaria una revolución...

Cuando paseas por los pasillos de tu centro, ¿qué sensaciones te transmite?, ¿observas alguna evolución o cambio con el paso de los años?, ¿te transmite frialdad o calidez?, etc. Son cuestiones que deberíamos abordar y responder con sinceridad si de verdad queremos plantear un cambio en la arquitectura escolar.

Como muy bien afirma el grupo ARCIX *"con qué poca imaginación los seres humanos seguimos proyectando en un lugar como la escuela, que debería ser referencia de nuestro aprendizaje como personas".*

¿Por qué no promovemos una nueva visión, un nuevo diseño de

los centros educativos que den paso a la investigación, al trabajo en equipo y a la reflexión personal?

En el interesantísimo libro *"Profesores, Alumnos y Familias"* del *grupo ARCIX* aparece una valiosa propuesta a considerar elaborada por Emilio Ortiz Záforas denominada **"la escuela ideal"**. Me gustaría resumir brevemente las ideas principales de la misma:

> **"No damos a nuestras escuelas la importancia que se merecen. Debemos prestar más atención y cuidar mucho más su diseño si queremos crear verdaderos lugares de aprendizaje"**

Un colegio debería ser un conjunto de edificios bastante extenso, con un programa muy complejo, con espacios en los que se puedan desarrollar funciones muy diversas. Los accesos bien situados y las comunicaciones, fluidas. Analicemos cómo ha de ser el centro **para cada uno de sus protagonistas.**

PARA SUS ALUMNOS

- Todas las zonas de comunicación deberían estar pensadas para ellos.
- Es bueno que cada uno pueda acceder a su clase desde el patio.
- Pasillos anchos y espacios de relación para cada dos e incluso cuatro cursos.

PARA SUS PROFESORES

- Necesitan ambientes recogidos y zonas comunes más pequeñas sin dejar de prestar atención a las salas de reuniones y de trabajo.

- El acceso de los profesores, a diferencia de los de los alumnos, se hará desde el interior(entrando por la entrada principal).

PARA SUS FAMILIAS

- Su acceso es bastante limitado, normalmente entran por la sala de visitas y de reuniones, esperan junto a las entradas de cada curso a sus hijos. Las zonas que están a la vista de los padres deben estar muy cuidadas.

ESPACIOS DE LA ESCUELA

A) AULA

Es el **espacio fundamental**. Debemos convertirlo en un lugar donde los niños sueñen... El diseño del aula junto a su decoración ayudará a que los alumnos disfruten en clase. Veamos sus características:

- Cálida y con mucha luz natural (con grandes ventanales).

- No todo se aprende sentados en la silla, la enseñanza debe ser práctica y dinámica, por este motivo los talleres y laboratorios se visitarán regularmente como complemento del aula.

- El patio es una zona que complementa el aula, un lugar abierto para jugar y descansar. No puede limitarse a zonas de asfalto con recintos de arena y un par de campos de deporte. Es mucho más: un jardín lleno de plantas, bancos, instalaciones para jugar, etc.

B) BIBLIOTECA

- Una biblioteca que sea simplemente un cuarto para guardar libros no es una biblioteca. Se trata de un lugar *multifuncional* destinado al conocimiento donde entran los alumnos a aprovechar todas las posibilidades que les ofrece.

C) SALÓN DE ACTOS

- Sería interesante que el centro contase con un salón de actos destinado a actividades que se puedan organizar: teatros, conferencias, etc.

D) AULA MULTIMEDIA

- Es imprescindible disponer de una sala de informática con conexión a internet.

MOBILIARIO Y DECORACIÓN

Es otro aspecto fundamental a la hora de crear un colegio.
- Lo más importante es la funcionalidad.
- Mesas y sillas ergonómicas.
- Decoración en cada rincón del colegio.

- Fundamental el uso de colores claros pero que creen un ambiente cálido.
- Deben abundar las plantas en el edificio.
- El abuso de decoración resta importancia al espacio.
- Que esté bien iluminado (luz natural) con una temperatura adecuada y buena ventilación.

Navegando por la web he encontrarás interesantísimas propuestas como, por ejemplo, las Escuelas Vittra. Se trata de una empresa que administra más de 30 centros en Suecia que quiere romper con ese modelo arcaico y por ello su propuesta es eliminar las aulas con el fin de incentivar el aprendizaje y la creatividad de los alumnos. Pretende **que la educación tenga lugar en cualquier parte del centro escolar**, no en un espacio único y cerrado como es el aula.

La metodología de enseñanza **Vittra** le proporciona a cada alumno lo siguiente:

1. Encontrar el mejor enfoque para cada uno de ellos, trabajando la individualidad.
2. Aprender en base a la experiencia.
3. Entender su propio aprendizaje.
4. Confiar en sí mismo y sus propias habilidades.
5. Desarrollar la habilidad de comunicarse y relacionarse con los demás.
6. Estudiar en un ambiente internacional, completamente bilingüe y con la posibilidad de realizar intercambios en el extranjero.

El proyecto de este centro estuvo a cargo del prestigioso estudio Rosan Bosch.

Como puedes comprobar no se trata de derribar las escuelas que ya tenemos. El objetivo de este artículo es el de **que tomemos conciencia para que mejoremos las que ya tenemos**: pintando el centro, añadiendo nuevas aulas, renovando el mobiliario pero sobre todo que **reflexionemos sobre qué queremos conseguir con estos cambios y qué clima vamos a crear en ellos con un sentido práctico**. Y si vamos a crear una escuela nueva, trabajemos para diseñar y **proyectar un lugar que ayude a estar en consonancia con la Escuela que todos queremos para el siglo XXI: auténticos "templos" de aprendizaje para la vida**.

Quizás, como muy bien afirma Mikel Agirregabiria, *"la dificultad no está en cambiar los espacios ni su decoración, ni hallar familias dispuestas a que sus hijas e hijos se educasen así. El reto es contar con un profesorado dispuesto y capacitado para mediar y conducir los procesos de aprendizaje con estas contemporáneas estructuras físicas, organizativas y didácticas"*. Todo un reto.

En palabras de María Acaso, autora de rEDUvolution necesitamos *"que las aulas pasen de ser espacios anónimos a ser espacios con los que nos identificamos, con los que establecemos una relación, una emoción, una sensación de pertenencia, un territorio vinculado con los usuarios en el que el vínculo posibilitará el aprendizaje"*. Nos queda pues, mucho trabajo por delante.

EL TUIT:

@OscarG_1978

"Necesitamos una transformación de la arquitectura escolar adaptada a los nuevos tiempos" #cambioeducativo

ESCRIBE TU TUIT:

Óscar Gonzalez

11

Gente tóxica en educación

Para introducir cambios y mejoras tenemos que identificar claramente en qué nos estamos equivocando, es decir, en qué estamos fallando. Por este motivo me gustaría abordar un asunto que me preocupa y mucho: la gente que se dedica a intoxicar y provocar malestar en el clima del mundo de la educación impidiendo de este modo las aportaciones que nos pueden ayudar a avanzar y mejorar. Esta **gente tóxica** la encontramos en los claustros de profesores, en las familias, en los equipos directivos, en las AMPAS, etc. Pero, ¿cómo podemos identificar a esta gente y protegernos ante ellos fomentando organizaciones *inteligentes*? Voy a intentar exponerlo en el siguiente artículo:

En todo grupo humano nos encontramos con personas que se dedican a ***intoxicar*** y a ***generar problemas***. Son una fuente constante de conflictos... Se trata de gente envidiosa, autoritaria, mediocre, rencorosa, etc. que realmente no han aprendido a **convivir**. Por tanto nuestro objetivo debe ir encaminado a **conectarnos** con aquellos que "sintonicemos", es decir, con aquellos que nos transmiten ilusión y optimismo frente a las cosas, aquellos que a pesar de la situación en la que estamos inmersos en la actualidad están interesados en actuar para mejorar las cosas.

Recientemente he terminado de leer el interesantísimo libro **"Gente tóxica"** de *Bernardo Stamateas* (más de 200.000

ejemplares vendidos en Argentina y 6 ediciones en España). En el libro se habla de una tipología de personas tóxicas que se clasifican en:

1. Envidioso

2. Falso

3. Socio psicópata

4. Mediocre

5. Arrogante presuntuoso

6. Jefe autoritario

7. Neurótico

8. Chismoso metomentodo

9. Descalificador

10. Quejica victimista

En educación encontramos esta tipología en los distintos ámbitos de la comunidad educativa: en los claustros, en las AMPAS, en los consejos escolares, etc. Aquí me gustaría centrarme principalmente en los claustros y las AMPAS.

Claustros tóxicos vs. Claustros inteligentes

Doy el nombre de **claustros tóxicos** a aquellos que en lugar de promover un clima de colaboración y trabajo en equipo, se dedican a crear malestar e intoxicar el ambiente de la organización de muy diversas formas. En estos claustros encontramos personalidades de la tipología mencionada anteriormente: victimistas, envidiosos, jefes autoritarios (y con cierto favoritismo sobre algunas personas), etc. Estos **jefes tóxicos** (me refiero a los equipos directivos de algunos centros educativos) tienen gran parte de culpa de que sus claustros sean pronunciadamente tóxicos *por su forma de actuar*.

Como muy bien afirma Miguel Ángel Santos Guerra *"los jefes tóxicos suelen actuar de forma casi natural en organizaciones tóxicas"* y añade, *"si es adulador con quienes mandan y cruel con aquellos a quienes tienen debajo, yo creo que es un jefe tóxico"*. Estoy totalmente de acuerdo con lo que señala y por este motivo **considero que es clave el papel y la responsabilidad de los equipos directivos de los centros como motor de cambio**. Añade Santos Guerra *"si quien ha de ser acelerador(del compromiso, de la honradez y de la mejora) se convierte en el freno que detiene o que disminuye el empuje. El ambiente no mejorará si quien tiene la responsabilidad de purificarlo y enriquecerlo es quien más toxinas desprende"*. Se puede decir más alto pero no más claro.

Veamos, a continuación la diferencia entre un claustro "tóxico" y un claustro "inteligente":

Claustros tóxicos:

- *Priman los intereses individuales sobre los del colectivo.*
- *Cada docente trabaja de manera aislada, sin espíritu de equipo (INDIVIDUALISMO).*
- *Las relaciones con las familias son inexistentes y plagadas de desencuentros.*
- *El ambiente de trabajo es negativo, todo se critica y el pesimismo educativo está bien visto y valorado. En ocasiones este ambiente se hace insostenible.*

- *Se mezcla y confunde lo personal con lo profesional.*
- *Los equipos directivos se preocupan más por mantener su cargo que por mejorar la calidad del centro.*
- *Se da muchísima importancia a la excesiva burocracia primando ésta sobre el trabajo diario con los alumnos/as y sus familias.*
- *Se asientan en una excesiva comodidad por parte de algunos miembros del mismo.*
- *La creatividad es nula, no se favorece la innovación y sí una excesiva mecanización y repetición de rutinas.*

Claustros inteligentes:

- *Priman los intereses colectivos sobre los individuales: lo importante es que el centro entero eduque.*
- *Se trabaja en un ambiente de colaboración y trabajo en equipo.*
- *Mantienen unas magníficas relaciones con las familias.*
- *El ambiente de trabajo es positivo y la crítica que se desarrolla siempre es constructiva, para mejorar. Se respira un gran optimismo y entusiasmo educativo.*
- *Sus miembros saben separar muy bien lo personal de lo profesional.*
- *Los equipos directivos se preocupan por que el centro trabaje en un ambiente cálido, facilitando las cosas sin entorpecer la labor de los docentes.*

- *Por delante de la burocracia está el quehacer diario con los alumnos y sus familias.*

- *Se asientan en el esfuerzo y la superación diaria de todos sus miembros.*

- *Son claustros que fomentan la creatividad llevando a cabo trabajos y propuestas innovadoras.*

- *Claustros repletos de auténticos **emprendedores educativos.***

AMPAS tóxicas vs. AMPAS inteligentes

En cuanto a las AMPAS me gustaría destacar que para mí desempeñan una labor fundamental y es un sector que debería estar totalmente unido al del profesorado promoviendo un clima de respeto entre padres y docentes aunque, por desgracia, en la práctica real esto no siempre es así. Hay AMPAS a las que denomino *inteligentes* que trabajan mucho y muy bien, en sintonía con el centro educativo formando un equipo de calidad con los docentes. Otras, en cambio se caracterizan por desempeñar un papel muy pobre dedicándose a entorpecer el trabajo de otros.

Vamos a ver las diferencias entre AMPAS tóxicas y AMPAS inteligentes:

AMPAS tóxicas:

- *Siembran dudas sobre el profesorado y la función que realizan en el centro creando malestar en el seno del mismo.*

- *Entorpecen y critican la labor de los docentes (la mayoría de las veces sin una causa justificada).*
- *Les preocupa más su beneficio personal que el del centro. Muestran una actitud egoísta disfrazada en la búsqueda de lo mejor para los hijos.*
- *Boicotean continuamente las propuestas del profesorado en los Consejos Escolares.*
- *Pierden el tiempo en cosas intrascendentes que no ayudan a mejorar la educación y se olvidan de otras de mayor importancia.*
- *Envían circulares a los padres para que presionen al centro y al profesorado incitándolos a que lleven a cabo determinadas acciones.*
- *Son AMPAS carentes de ideas.*

AMPAS inteligentes:

- *Respetan al profesorado y apoyan públicamente su labor.*
- *Colaboran y complementan la labor de los docentes.*
- *Apoyan las propuestas de los docentes y sugieren mejoras siempre desde una actitud crítica y constructiva.*
- *Continuamente se esfuerzan por buscar soluciones y propuestas que ayuden a mejorar el clima del centro educativo.*
- *Son AMPAS generadoras de ideas muy interesantes e innovadoras que ayudan a elevar la colaboración entre padres y docentes.*

Como puedes observar, tenemos muchísimo trabajo por delante para **proteger la educación** de estas personas y organizaciones tóxicas que lo único que consiguen es que no avancemos y podamos generar cambios positivos. Es necesario que todos hagamos examen de conciencia(el que esté libre de pecado que tire la primera piedra) y propósito de enmienda para que evitemos que desde nuestro campo de acción **intoxiquemos nuestro entorno más próximo** con nuestras quejas, envidias, descalificaciones, etc.

EL TUIT:

@OscarG_1978

"Debemos desintoxicar el sistema educativo actual" #cambioeducativo

ESCRIBE TU TUIT:

12

Ideas para mejorar el clima de un centro educativo

Si en el artículo anterior te he hablado de las personas tóxicas que encontramos en el mundo de la educación, a continuación voy a ofrecerte una serie de ideas para **mejorar el clima de tu centro educativo.**

El **clima de un centro educativo** es un buen indicador para medir la calidad del mismo. Existen muchas definiciones per me gusta especialmente la que nos ofrece el grupo ÁRCIX en su libro *" Ser profesor y dirigir profesores en tiempos de cambio"*: *"el clima del centro es el grado de satisfacción profesional y personal que manifiestan los distintos miembros de la comunidad educativa".*

Por este motivo es de especial importancia que trabajemos para conseguir **un buen clima de centro**. Debemos erradicar aquellos centros educativos con un clima tóxico o, por lo menos, intentar "desintoxicarlos" y conseguir así un clima de trabajo óptimo.

Después de leer esta carta aprenderás a establecer un clima óptimo en tu centro educativo.

Probablemente te preguntas *¿a quién le corresponde mejorar el clima del centro?* Evidentemente por el cargo que ostentan en la "pirámide de liderazgo" en primer lugar deberían responsabilizarse los miembros del Equipo Directivo. Necesitamos Directores que lideren y construyan **un clima positivo** de centro arropados por un claustro entusiasta y optimista que huya del pesimismo educativo imperante en el que todo está muy mal.

Se trata de un trabajo en equipo en el que no debemos perder de vista que tenemos la obligación de trabajar para construir un "clima externo" positivo implicando de manera efectiva a las familias estableciendo unas relaciones basadas en el respeto y la confianza mutuas.

Me gustaría compartir contigo **12 ideas para mejorar el clima de un centro educativo:**

1. Elaborad un **proyecto educativo de futuro** y un plan de acción donde se concreten los pasos para llevarlo a cabo.

2. No lo reduzcáis todo a "papeleos": hay que priorizar en la acción educativa y **evitar una excesiva e innecesaria burocracia.** Lo importante no es que esté plasmado en un papel, **lo importante es que se haga.**

3. Actuad como un auténtico **equipo educativo** sumando fuerzas para alcanzar los objetivos establecidos. Hay que evitar la tarea solitaria de cada docente y promover un trabajo cooperativo: NO al individualismo.

4. Apoyad vuestras relaciones internas y externas, personales y profesionales en **una buena comunicación.** Es la base de la convivencia y el buen entendimiento.

5. **Tratad los problemas abiertamente** en un ambiente de confianza con total transparencia y sin interferencias.

6. Aprended a **gestionar las críticas** y no os lo toméis todo como algo personal. En ocasiones son sugerencias para

mejorar nuestra acción e irá en beneficio del centro.

7. Que estas **críticas sean siempre constructivas** y sirvan para mejorar.

8. Cread **un ambiente de trabajo cálido** basado en un trato cordial y respetuoso entre los miembros del claustro.

9. Fomentad el liderazgo educativo. **Se puede ser líder sin necesidad de ocupar un cargo** en la estructura organizativa del mismo. Cada docente debe ser un líder y actuar como tal.

10. Estableced una **alianza efectiva con las familias** y trabajad unidos de manera armoniosa en la misma dirección y sentido. Familias y escuela debemos compartir, no competir.

11. **Promoved el sentido del humor** entre los miembros del claustro y transmitidlo también a vuestros alumnos . Es necesario para crear un "ambiente de trabajo distendido".

12. Centrad vuestras energías en trabajar para que todas las personas se sientan valiosas y reconocidas en su labor: que **cada miembro del centro se sienta feliz** por formar parte del mismo.

¿Qué otras ideas añadirías tú? Me gustaría conocer tus ideas para mejorar el clima de un centro educativo. Si todos nos centramos en trabajar en esta dirección conseguiremos promover un verdadero CAMBIO y una transformación del clima general de nuestro sistema educativo. Me gustaría que hicieras llegar estas ideas a tu centro para que se pongan en práctica a diario.

Es tarea de todos. ¿Empezamos? Manos a la obra...

EL TUIT:

@OscarG_1978

"Mejorando el clima de los centros mejoraremos la educación" #cambioeducativo

ESCRIBE TU TUIT:

ESCUELA DEL SIGLO XXI

APRENDE MÁS...

En palabras de José Antonio Marina *"no es cierto que hayamos entrado en la era del conocimiento sino en la era del aprendizaje. Si no aprendemos continuamente, quedaremos marginados"*. Por este motivo, necesitamos que las Escuelas del siglo XXI se conviertan en auténticos CENTROS DE APRENDIZAJE. Lourdes Bazarra y Olga Casanova las denominan ESCUELAS INTELIGENTES. En su libro *"Directivos de Escuelas Inteligentes"* destacan los 11 pilares clave que definen una **escuela inteligente**. Son los siguientes:

1. *Visión de futuro.*
2. *Aulas de futuro.*
3. *Son flexibles.*
4. *Son abiertas.*
5. *Son creativas y creadoras.*
6. *Están conectadas.*
7. *Tienen una buena arquitectura organizacional, estructural y espacial.*
8. *Escriben y desarrollan unos perfiles técnicos y humanos de profesor y alumno.*
9. *Son sostenibles en recursos y medios.*
10. *Escriben el currículo del futuro en sus contenidos, metodología y sistemas de evaluación.*

11. *Son coherentes con sus valores y sentido ético de mejorar el mundo.*

Como puedes comprobar, unos pilares fundamentales en la educación del siglo XXI.

5 PASOS PARA LA ACCIÓN

1. **Tómate un tiempo e intenta dar respuesta a estas preguntas:** ¿Para qué sirve la escuela?, ¿qué escuela sueñas?, ¿cómo podemos preparar a nuestros alumnos para el futuro incierto que se nos presenta?

2. **Reflexiona.** ¿Por qué es necesaria una nueva arquitectura para el aprendizaje?, ¿de qué forma podrías "adaptar" la arquitectura de tu centro para promover este cambio?

3. **La Escuela del siglo XXI debe ser FLEXIBLE y alejada de la burocracia excesiva en la que estamos inmersos.** Los documentos deben ser:

    - *Concretos (sin rodeos)*
    - *Sintéticos*
    - *Visuales (gran impacto visual)*
    - *Eficaces*
    - *Desburocratizados*

Adaptado del libro "Directivos de Escuelas Inteligentes"

4. **Imprime el Manifiesto Hostlee y cuélgalo en tu centro, en tu aula, compártelo con las familias de tus alumnos, etc.** Una forma de conectar la escuela con la VIDA.

5. **Ayuda a tus alumnos y a sus familias a que puedan encontrar "su Elemento".** Esto implica comprender los poderes y las pasiones con las que hemos nacido como parte de su exclusiva herencia genética. Recomiendo la lectura de "Encuentra tu elemento" de Ken Robinson porque como en el mismo se destaca:

- La mayoría de los sistemas educativos operan con un punto de vista muy restrictivo sobre las aptitudes.
- A menudo ignoran el modo en que los individuos aprenden realmente.

LECTURAS Y VÍDEOS RECOMENDADOS

LECTURAS

- *"El elemento" Ken Robinson.*
- *"Busca tu elemento" Ken Robinson.*
- *"Encuentra tu elemento" Ken Robinson.*
- *"Directivos de Escuelas Inteligentes" Lourdes Bazarra y Olga Casanova.*
- *"Aprendizaje emocionante. Neurociencia para el aula" Begoña Ibarrola.*

VÍDEOS

- *Las escuelas matan la creatividad (Ken Robinson)*
  https://www.youtube.com/watch?v=nPB-41q97zg

- *Crear hoy las escuelas del mañana (Programa REDES)*
  https://www.youtube.com/watch?v=nfcVSSfN6bA

- *La educación prohibida (película completa)*
  https://www.youtube.com/watch?v=-1Y9OqSJKCc

#PARA REFLEXIONAR

- *"Si la escuela no funciona, los únicos culpables somos nosotros. Si nuestros jóvenes acaban la educación reglada pero no son capaces de florecer en su vida adulta, el sistema tiene que empezar a reflexionar seriamente sobre su propio funcionamiento"* Richard Gerver.

- *"La mayor parte de los sistemas de educación del mundo están en proceso de reforma. Pero la reforma no basta. Necesitamos una transformación total de los principios y procesos de la educación pública"* Ken Robinson.

- *"Enseñamos por medio de una serie de asignaturas, bolsillos separados de conocimientos unidos por un horario y unos cuadernos de ejercicios. La mayoría de los alumnos no ven la escuela como un aprendizaje para la vida, sino como un aprendizaje para superar pequeños obstáculos"* Richard Gerver.

- *"Los analfabetos del siglo XXI no serán aquellos que no sepan leer o escribir, sino aquellos que no puedan aprender, desaprender y reaprender"* Alvin Toffler.

FAMILIA Y ESCUELA

Óscar Gonzalez

13

Forma parte de la escuela de tus hijos

Me gustaría que leyeras atentamente los siguientes casos:

"Una madre invita a los alumnos de la clase de cuarto de primaria de su hijo a que visiten el lugar donde trabaja junto con su profesor".

"Un profesor invita al padre de un alumno para que acuda a la clase a explicar en qué consiste su trabajo como médico en un centro de salud".

"Un grupo de padres y docentes se reúnen una vez al mes en la Escuela de Madres y padres del centro educativo para compartir experiencias".

¿Qué tienen en común todas estas personas? **Están colaborando activamente en la educación de sus hijos al formar parte de sus escuelas.** No es necesario que los padres sean expertos en educación para que puedan manifestar sus preocupaciones y **compartir** sus conocimientos con la escuela de sus hijos.

Cada vez estoy más convencido de que este es el camino que debemos seguir: el centro educativo tiene que beneficiarse y enriquecerse de la implicación y la colaboración activa de las familias con la escuela. Para que esto ocurra debemos promover una actitud de apertura desde el propio centro evitando al máximo la postura opuesta, un "cierre institucional" tan frecuente en algunos centros educativos donde sus equipos directivos (en concreto sus directores) **no permiten a los padres "entrar en la escuela" y colaborar activamente con la misma.**

Implicar a las familias con la escuela es un proceso lento y paciente que nos puede llevar mucho tiempo ya que es necesario cambiar estructuras y formas de organización de los centros así como empezar a establecer un cambio de conciencia que nos ayude tanto a las familias como a los docentes a vernos como "socios" y "aliados" y no como "rivales" o "enemigos" y actuemos como un auténtico **equipo educativo.** Y esto no se puede conseguir de la noche a la mañana pues como digo, es un proceso lento. No me cansaré de repetir los grandes beneficios de la **implicación de las familias con la escuela**. Estos son solo algunos de ellos:

- *Cuando los padres se implican en la educación de sus hijos en casa, estos tienen mejores resultados en la escuela. Y cuando los padres se implican en la escuela, los niños permanecen más tiempo dentro del sistema educativo, y las escuelas lo hacen mejor". (HENDERSON& BERLA)*

- *Cuando niños y padres hablan regularmente sobre la escuela, los resultados académicos de los niños son mejores (HO & WILMS).*

- *Hay algunas actividades de los padres en casa que están firmemente asociados con el éxito escolar de los niños: Ayudar a que el niño organice su tiempo, ayudarle con los deberes, y hablar con él de los temas escolares. La vigilancia para que los alumnos realicen las tareas en casa, la lectura de los padres a los niños, y la participación en actividades voluntarias, tienen una influencia positiva en la educación de los niños (JORDAN, OROZCO & AVERET)*

- *Los padres que leen a sus hijos antes de que entren en la escuela favorecen su aprendizaje. Hablar a los niños sobre libros e historias también ayuda al progreso lector.*

- *Cuanto antes comience la implicación de los padres con la educación de sus hijos, más poderosos serán los efectos (COTTON & WIKELUND 1997)*

- *Los resultados de la implicación parental incluyen una mejora de los resultados escolares, reducción del absentismo, mejora de la conducta, y restaura la confianza de los padres en el sistema educativo ("The Home-School Connection Selected Partnership Programs in Large Cities", Institute for Responsive Education, Boston)*

- *Cuando las guarderías o escuelas infantiles hacen una reunión con los padres para explicarles la importancia de la implicación temprana en la educación, se han conseguido mejoras importantes en (1) el tiempo y la frecuencia con que los padres leen a sus hijos, (2) el número de visitas que los padres hacen a los centros, (3) las relaciones entre los padres con hijos de la misma edad. (KREIDER)*

- *Las expectativas de los padres manifiestan una significativa influencia en los resultados de los alumnos en todas las áreas curriculares y en todos los cursos de la ESO. (MARCHESI & MARTIN)*

- *La idea que los padres tienen de la educación influye en su actitud y en los resultados.*

- *El alejamiento de la familia respecto de la escuela favorece el fracaso escolar.*

Como vemos, motivos más que suficientes como para que nos tomemos esta colaboración muy en serio. Pero los padres se preguntan: **¿qué puedo hacer yo para implicarme?**, **¿de qué**

forma puedo colaborar en la escuela de mis hijos? Me gustaría ofrecerte algunas **claves para ayudarte a que esta implicación sea real y efectiva.**

Toma nota, estas son solo algunas ideas:

- Busca la forma de presentarte y conocer mejor a los profesores de tus hijos al inicio de curso. La primera toma de contacto es fundamental para intercambiar impresiones. Aquí podemos manifestar nuestras intenciones de "formar equipo".

- Muestra tu agradecimiento y satisfacción hacia el centro educativo y su profesorado por algo que hayan realizado. No podemos únicamente criticar y quejarnos cuando se hace algo mal en la escuela. Lo que está bien hecho también ha de reconocerse y valorarse.

- Haz llegar al centro tus ideas, sugerencias, aportaciones y preocupaciones para que las tomen en consideración. Si no recibes la respuesta esperada, sigue insistiendo. Busca otras formas y fórmulas para hacer llegar tus propuestas. Nunca pienses que eres un/a pesado/a.

- Practica de vez en cuando la empatía poniéndote en el lugar del profesor o del equipo directivo del centro: *¿de qué forma actuarías tú en su posición?*

- Si tienes algún problema, háblalo directamente con la persona que corresponda. Evita los famosos "corrillos" a las puertas del colegio que tan dañinos y tóxicos son. También los peligros que entrañan los famosos "grupos de Whatsapp de madres y padres". Hay lugares y momentos concretos para resolver estos temas. Hagámoslo dónde y cómo corresponde.

- Habla con el profesor sobre la posibilidad de colaborar con él ofreciendo tus conocimientos sobre un determinado tema (de tu trabajo, por ejemplo) relacionado con los contenidos que están trabajando en el aula.

- Nunca te enfrentes con el profesor de tu hijo. Busca siempre la forma de llegar a un entendimiento a través de una buena y sincera comunicación.

- Cuando hables con el profesorado sé sincero, no hagas uso de un "doble lenguaje"(delante te digo una cosa pero por detrás otra bien distinta).

Estas son algunas ideas y sugerencias personales, se podrían añadir muchísimas más. Como muy bien se destaca en el documento PISA IN FOCUS nº10: *"los profesores, las escuelas y los sistemas educativos deben estudiar cómo pueden ayudar a los padres que están muy ocupados a desempeñar un papel más activo en la educación de sus hijos tanto dentro como fuera de la escuela".* Queda patente que la implicación de las familias es más necesaria que nunca.

Tenemos la obligación de convertir la escuela en un espacio de cooperación entre el profesorado y las familias.

Tú puedes enriquecer en gran medida la educación de tus hijos **colaborando y participando activamente en la escuela.** Plantéate la siguiente cuestión: **¿qué estoy haciendo yo para mejorar la escuela de mis hijos?** No eches la culpa a la escuela y su entorno.

Tampoco eches la culpa al profesorado. Hacerlo es hacerse la víctima y en este mundo ya hay demasiada gente que lo hace. Culpar a los demás es poner excusas...

¿Qué es lo que te gusta de la escuela de tus hijos?, ¿qué puedes hacer para implicarte más todavía? Escríbelo en una lista. Después haz algo para mejorar las cosas. Ponerlo por escrito es el primer paso pero no basta con escribirlo, **es necesario convertirlo en una realidad.**

Como afirma Robin Sharma *"¿Sabes lo que pasa cuando trabajas en tu esfera de influencia para mejorar las cosas? Que tu esfera de influencia crece y se expande"*. Por tanto, cumple con tu compromiso. La escuela de tus hijos será un lugar mejor si lo haces. Acuéstate cada día pudiendo afirmar: **"la escuela de mis hijos es la mejor porque yo colaboro con ella"**.

EL TUIT:

@OscarG_1978

"No hace falta que ilumines el mundo; bastará con que ilumines el rincón del mundo en que te ha tocado estar" Suzuki #cambioeducativo

ESCRIBE TU TUIT:

14

Colabora con la escuela de tus hijos

Te planteo una cuestión, **¿cómo puedes colaborar y enriquecer la escuela de tus hijos?**

En el artículo anterior te proponía un sencillo ejercicio: *elabora un listado sobre las diferentes acciones que puedes llevar a cabo para implicarte activamente y colaborar con la escuela de tus hijos.* ¿Ya lo has hecho?

Te propongo que lo empieces ahora mismo. Coge lápiz y papel. Empieza tomando nota de las ideas que se te ocurran sin miedo a que sean "irrealizables" o "imposibles"(haz una lluvia de ideas o *brainstorming*). Una vez terminado el listado analiza cada idea detenidamente y elimina aquellas que no sean viables. Ten mucho cuidado al hacerlo porque puede que veas las cosas a través de los ojos de tus miedos, de tus limitaciones y falsas suposiciones. Una vez limpies el cristal de la ventana a través del cuál ves la escuela y la educación comprobarás que aparece ante ti un nuevo mundo de posibilidades...

Este es el listado que he elaborado yo, aunque se pueden añadir infinitas ideas y propongo que añadas las tuyas y las lleves a cabo con entusiasmo:

Confía al máximo con el profesorado de tus hijos.

- *Colabora y participa de manera activa con la AMPA del centro.*
- *Participa activamente en el Consejo Escolar del centro.*
- *Colabora como "voluntario" de la clase con el profesor de tu hijo.*
- *Participa en las entrevistas individuales y reuniones grupales que convoca el profesor.*
- *Lee con tus hijos.*
- *Supervisa las actividades diarias y el trabajo de tus hijos.*
- *Participa activamente en las actividades que programa el centro: escuela de padres y madres, talleres, exposiciones, etc.*

Se me ocurren muchísimas más ideas pero quiero que seas tú quien elabora su propio listado con **ideas realistas** que vas a llevar a la práctica.

Una vez elaborado el listado te animo a que lo compartas con otras familias y que este pueda ir creciendo con las aportaciones de todos. Sería interesante hacer uso de las TIC para que puedas dar difusión de tu listado a través del blog o la web del centro, de las redes sociales, etc. El objetivo es el de poder establecer una **comunidad** de madres y padres interesados en ***cambiar y mejorar la educación.*** Una comunidad donde compartir inquietudes, necesidades, acciones y recursos con otras familias.

Ahora ya tienes "deberes", empieza con el listado que te propongo y compártelo...

EL TUIT:

@OscarG_1978

"El mejor momento para plantar un árbol era hace veinte años, pero el segundo mejor momento es ahora" Proverbio árabe #cambioeducativo

ESCRIBE TU TUIT:

Óscar Gonzalez

15

Mensaje a las familias

Como siempre suelo afirmar y todos podemos observar a diario, las relaciones entre **las familias y la escuela** no pasan por uno de sus mejores momentos y las mismas suelen basarse, por regla general, en el *recelo y la desconfianza* mutua. Por este motivo hace ya un tiempo puse en marcha el proyecto de la **Alianza Educativa**, una propuesta que persigue mejorar estas relaciones. Me gustaría darle un gran impulso al proyecto y empezar a transmitir un mensaje que es fundamental: *"es necesaria una alianza entre quienes se ocupan de criar y educar a los mismos niños"*. Por tanto, el único camino para poder **ir de la mano** es el de establecer alianzas, redes, equipos, etc.

El inicio de curso es un buen momento para empezar a formar estos equipos y por ello sería muy interesante que desde los centros educativos, hiciésemos llegar a las familias de nuestros alumnos y alumnas el siguiente escrito. Por ejemplo entregándolo en las reuniones de inicio de curso tanto grupales como individuales. Se trata de un **mensaje a las familias** invitándolas a que trabajemos estrechamente ya que los necesitamos como socios y aliados. El mensaje está escrito por mi gran amigo Rolando Martiñá escritor argentino autor de interesantísimos libros sobre educación.

> *Estimados padres y madres:*
>
> **Sabemos de lo difícil de su tarea** porque vivimos en el mismo mundo y porque muchos de nosotros también criamos hijos. Sabemos que, como nosotros, hacen lo mejor que pueden por ellos y les agradecemos la confianza que nos demuestran al entregarnos a esos chicos, que son el fruto de sus esfuerzos y afanes. Queremos que sepan, también, de las dificultades de nuestra tarea: así como cada uno de ustedes de desvela por sus hijos, nosotros debemos cuidar, instruir y formar a muchos niños, de muchas familias diversas, tratando de que convivan pacíficamente pese a sus diferencias y se preparen para afrontar luego los desafíos de la vida adulta.
>
> Sabemos también que **vivimos tiempos difíciles**, de mucha diversidad y confusión, en los que a veces lograr un mínimo acuerdo resulta una tarea descomunal. Por tanto, no podemos asegurarles que no habrá problemas, pero sí que **nos ocuparemos de ellos con lo mejor de nosotros mismos**.
>
> Por todo eso, porque sabemos estas cosas, queremos decirles que los necesitamos, que **los necesitamos como socios, como colaboradores** en esta dura pero hermosa tarea de educar.
>
> (Escrito por **Rolando Martiñá** en su libro "La comunicación con los padres. Propuestas para su construcción" Ed. Troquel 2007)

Te animo a que compartas este mensaje, a que lo difundas entre tus amigos y compañeros. Es importante que llegue al mayor número de personas posibles para que empecemos a tomar conciencia de que **la familia y la escuela nos necesitamos...**

¿Te animas a tomar un verdadero compromiso por la educación? Ayúdame a difundir este mensaje para que la **alianza educativa** pueda convertirse en una realidad.

EL TUIT:

@OscarG_1978

"La familia y la escuela necesitamos compartir, no competir" #cambioeducativo

ESCRIBE TU TUIT:

Óscar Gonzalez

16

Es final de curso: familia y escuela nos damos las gracias

Llegó el final de curso. Otro más que se nos va casi sin darnos ni cuenta. Es un momento de alegría pero al mismo tiempo de tristeza por las despedidas... Los alumnos se despiden de sus profesores hasta el curso que viene o quizás para siempre porque no los vuelvan a tener. Los profesores se despiden de sus alumnos y también de las familias. Unos se van, otros se quedan...

Por este motivo y siguiendo mi objetivo, el de **establecer una alianza entre la familia y la escuela** considero que es un buen momento para mostrar nuestro **agradecimiento mutuo**: de la familia hacia la escuela y de la escuela hacia la familia.

"La gratitud es una vacuna, antitoxina y un antiséptico"

John Henry Jowett

El claustro de profesores debería reunirse para redactar una **Carta de agradecimiento a las familias** por su implicación, dedicación y colaboración a lo largo del curso escolar. Es una forma sencilla y práctica de demostrarles que valoramos y reconocemos su labor y dedicación, que es de gran ayuda para nuestra acción educativa diaria. Además, les transmitimos un mensaje importante: somos un auténtico **EQUIPO**.

Es algo que cuesta muy poco y que tiene un enorme impacto en las familias, que valoran y agradecen que reconozcamos su **protagonismo educativo.** Debemos transmitir de una vez por todas que nuestro discurso es distinto, que hemos cambiado por uno más optimista porque **las familias están cansadas de que les digan lo mal que lo hacen y lo poco que participan e implican en la educación de sus hijos.**

Comparto contigo este **modelo de carta** que se puede remitir a nivel de claustro o bien de forma individual por aquellos docentes que quieran agradecer la colaboración de "sus" familias:

> *Estimadas familias,*
>
> *Hemos llegado al final de un nuevo curso. Por este motivo queremos aprovechar la ocasión para agradeceros vuestra dedicación, haciendo lo mejor que podéis por vuestros hijos y demostrándonos una gran confianza al comprender lo difícil de nuestra tarea, donde tratamos de que crezcan y convivan pacíficamente a pesar de sus diferencias con el objetivo de prepararlos frente a los retos, desafíos y adversidades de la vida adulta.*
>
> *Muchas gracias por vuestro esfuerzo, ayuda y colaboración. Nos alegra muchísimo contar con vosotros como lo que realmente sois: socios y colaboradores en esta difícil pero preciosa tarea de educar.*

Las familias también podemos y debemos mostrar nuestro **agradecimiento** a la labor de los docentes por su trabajo diario con nuestros hijos. Hace un tiempo leí un artículo muy interesante de mi amiga **Elena Roger**, pedagoga del Gabinete Pedagógico de solohijos.com que ofrece una serie de ideas prácticas para agradecer al final de curso el trabajo del profesor de tu hijo.

Aquí comparto un resumen de estas ideas:

Agradece no solo al tutor de tu hijo sino también al resto de profesores que ha tenido a lo largo del curso.

- Aprecia el trabajo del profesor independientemente de los resultados obtenidos por tu hijo. Sepamos reconocer su labor humana.
- Este sería un ejemplo de carta de agradecimiento para el profesor:

> *Apreciado xxx:*
>
> *Está a punto de terminar el curso y queremos decirte lo satisfechos que estamos con el trabajo que has hecho con nuestro hijo. Han habido momentos buenos y no tan buenos pero el balance es positivo y queremos agradecértelo con estas palabras. Gracias por tu dedicación y por tu interés a lo largo del año. No ha sido fácil, lo sabemos, pero le has ayudado a madurar y a ser mejor. Recibe un fuerte abrazo de nuestra parte...*

- Permite que tu hijo también sea partícipe de este agradecimiento: la mejor forma de educar la gratitud es predicar con nuestro ejemplo.
- **Comenta con la *Dirección* del centro tu satisfacción con dicho profesor o profesores**. Si no tienes ocasión de hablar con la *Dirección*, una sencilla y sincera nota por *e-mail* será igual de efectiva:

> *Apreciado xxx:*
>
> *Queremos comentarle lo valiosa que consideramos la presencia del profesor xxx en el colegio. Es un gran profesional del que se debe enorgullecer este centro. Un abrazo...*

Esta es mi aportación, inspirada en un texto de *Augusto Cury*:

> *"Estimado maestro,*
>
> *Queremos agradecerte todo el cariño, entrega y dedicación con que has abordado la educación de nuestro hijo hasta hoy. Queremos darte las gracias por estos maravillosos años que hemos podido compartir. Gracias por atendernos cuando lo hemos necesitado y por escucharnos cuando ha hecho falta.*
>
> *Somos conscientes de que el sistema no os valora lo suficiente, pero podéis estar tranquilos y seguros de que sin vosotros la sociedad carecería de horizonte.*
>
> *Muchas gracias por tu cariño, sabiduría, sonrisas, lágrimas, creatividad y pasión tanto dentro como fuera del aula. Puede que el mundo no os aplauda y valore pero hay que reconocer que sois los profesionales más importantes de la sociedad.*
>
> *Maestro, muchas gracias. Eres maestro de la vida..."*

Y tú, ¿de qué forma das las gracias al profesor de tus hijos?, ¿y a las familias de tus alumnos?

EL TUIT:

@OscarG_1978

"El agradecimiento es la memoria del corazón"
Anónimo #cambioeducativo

ESCRIBE TU TUIT:

Óscar Gonzalez

17

Decálogo para comunicarnos padres y docentes

¿Cómo ha de ser el diálogo entre padres y profesores?

Para poder llevar a cabo una comunicación efectiva que sirva para **mejorar las relaciones entre padres y docentes** deberíamos tener en cuenta algunos aspectos fundamentales. Este decálogo lo he elaborado inspirándome en el de Bernabé Tierno y Antonio Escaja publicado en su libro *"Saber Educar hoy" Ed. Temas de Hoy, 2000.* En el mismo los autores establecen un excelente decálogo para aquellos que buscan una **sincera** comunicación. Aunque los autores en su libro lo aplican a la comunicación *entre padres e hijos* considero que es totalmente aplicable a la comunicación entre padres y docentes y por ello lo reproduzco añadiendo sugerencias y aportaciones personales adaptándolo a cómo debe ser **la comunicación entre los padres y los docentes en las escuelas del siglo XXI**:

1. No podemos esperar a que todos piensen como nosotros

Padres y docentes hemos de comprender que podemos(y debemos)tener puntos de vista muy diferentes sobre la educación. Tenemos que aceptar, por tanto, la diversidad de opiniones y la existencia de posturas enfrentadas. Es lógico y normal. Esto enriquece la educación y fomenta el debate. No debemos tomarlo como algo negativo sino como una **oportunidad para crecer...**

2. La sinceridad es el alma de todo diálogo

En el libro de B. Tierno se destaca esta idea tan importante que resume el tipo comunicación que perseguimos: *"ser sincero no consiste en decir todo lo que se piensa sino en no decir nunca lo contrario de lo que pensamos"*. Gran verdad que **tendríamos que aplicarnos todos**, padres y docentes. Es uno de los grandes problemas de la comunicación entre padres y docentes: hacemos un uso de un "doble lenguaje" que nos aleja del principio de sinceridad mutuo.

3. Dialogar no es hablar sino saber escuchar

Muchas veces vamos a las reuniones con la intención de hablar nosotros y no dejamos hablar al otro, escuchando más bien poco. Es fundamental tener una actitud de **escucha activa** en nuestras conversaciones si no queremos que sean una auténtica pérdida de tiempo.

4. No hay peor sordo que el que no quiere oír

Esto sucede porque, tanto padres como docentes, estamos siempre *a la defensiva* y no nos escuchamos los unos a los otros. Nos cerramos en banda ante ciertas opiniones que muchas veces se nos dan con la mejor intención. Tenemos que aprender a escuchar y aceptar lo que se dice de nosotros. Esto es síntoma de gran madurez y es que, en ocasiones, actuamos peor que los propios niños. No olvidemos nunca que **somos modelos educativos** de los mismos.

5. La verdad no es monopolio de nadie

Siempre podemos aprender algo *"del otro"*. Hemos de evitar actitudes prepotentes de "yo lo sé todo" porque podemos y debemos aprender de los demás. En educación no tenemos que preocuparnos únicamente de los conocimientos y la técnica sino sobre todo apoyarnos en la lógica y el sentido común. Está muy bien conocer teorías pero lo más importante es llevarlas adecuadamente a la práctica. Si no, no sirven para nada.

6. Todos tenemos derecho a equivocarnos

Y es por este motivo hemos de aprender a **reconocer que nos hemos equivocado.** Muchas veces por nuestra actitud *defensiva* no queremos reconocerlo y llevamos el error hasta las últimas consecuencias con tal de no quedar mal ante nadie. Errar es humano y el reconocerlo es una muestra de humanidad y sinceridad. Si nosotros no lo hacemos tampoco podemos exigir al niño que lo haga pues, ¿cómo lo educamos? Como hemos dicho, a través del ejemplo ya que los niños hacen lo que ven.

7. El diálogo supone una actitud de acogida interior

Esto significa que hemos de aceptar a nuestro interlocutor sin reservas ni condiciones. En muchas ocasiones viejos rencores o malentendidos nos llevan a actuar de determinada forma sin que aceptemos un posible cambio en la persona. Padres y docentes nos podemos equivocar y, de hecho, lo hacemos con frecuencia pero hemos de saber perdonarlo. **El perdón es un valor que también se educa** y qué mejor forma de hacerlo que con la práctica real del mismo.

8. Capacidad para saber ceder

Tengamos en cuenta que ceder no es igual a perder sino más bien todo lo contrario. Si lo que queremos es aprender a través del diálogo hemos de aceptar que de vez en cuando tenemos que ceder pues **no podemos estar siempre imponiendo nuestra opinión.** Esto genera muchas confrontaciones entre padres y docentes porque ni unos ni otros saben en qué momento deben ceder puesto que es más sencillo lo que venimos haciendo hasta hoy: *echarnos las culpas los unos a los otros* quedando muchísimos problemas por resolver.

9. Dialogar no invadir con nuestras preguntas intempestivas la intimidad del otro.

En ocasiones padres y profesores **nos inmiscuimos demasiado en la vida de nuestro interlocutor** y hacemos preguntas que pueden llegar a molestar. Tenemos que aprender a respetar la intimidad del/la que tenemos delante por el bien de nuestras relaciones.

10. Vivimos esclavos del tiempo. No podemos decirlo todo.

En muchas ocasiones cuando nos reunimos padres y profesores queremos decirlo todo. Vivimos en una sociedad atrapada en la vorágine del tiempo, con una rigidez de horarios excesiva y esto está generando muchos problemas y tensiones. Por este motivo la asistencia a las reuniones es escasa y en la mayoría de ocasiones esta carga recae sobre todo en la figura de la madre.

Aunque la cantidad de reuniones quizás sean limitadas por falta de tiempo en los centros, **nos tenemos que centrar en la calidad de las mismas**. Poco tiempo pero de calidad. Para ello, padres y profesores debemos de tener muy claro de qué queremos hablar en estas reuniones y no perdernos en divagaciones: **no podemos improvisar sobre la marcha y tanto unos como otros tenemos que preparar y planificar a conciencia dichas reuniones.**

Como vemos, la comunicación entre padres y docentes **se puede mejorar**. Si **todos** trabajamos para construir un nuevo tipo de comunicación, fluida y eficaz mejoraremos mucho el tipo de relación que deseamos mantener para *mejorar las escuelas del siglo XXI*.

Ahora te toca a ti

Examina con detenimiento cómo es la comunicación que mantienes con los padres de tus alumnos o con los profesores de tus hijos. **Pregúntate:** *¿Cómo puedo mejorar la comunicación para que nuestra acción educativa sea mucho más efectiva?*

EL TUIT:

@OscarG_1978

"Hay tres cosas que nunca vuelven atrás: la palabra pronunciada, la flecha lanzada y la oportunidad perdida" Proverbio chino #cambioeducativo

ESCRIBE TU TUIT:

Óscar Gonzalez

FAMILIA Y ESCUELA

APRENDE MÁS...

Familia y escuela formamos un equipo

Como puedes observar, por regla general, las relaciones entre la familia y la escuela están basadas en el recelo y la desconfianza mutua. Los padres cuestionan el papel y la labor que desempeña el profesorado y éstos, a su vez, hablan de la dimisión de las familias en su acción educativa. Si a todo esto le sumamos una falta de diálogo y comunicación entre ambas instituciones podemos afirmar con rotundidad aquello de *"Houston, tenemos un problema"* pues familias y escuela no podemos permitirnos el enfrentamiento: necesitamos avanzar juntos, de la mano ya que **está en juego el futuro de la infancia, es decir, el futuro de nuestra sociedad.**

Dejemos a un lado nuestros prejuicios, falsas ideas y creencias y **establezcamos un nuevo modelo de relación** entre la familia y la escuela. Para ello tenemos que actuar como un auténtico **EQUIPO EDUCATIVO** capaz de mejorar la educación a través de un proyecto ÚNICO que vamos a compartir.

Pero, *¿qué pueden hacer las familias para contribuir a establecer este EQUIPO EDUCATIVO?*

Para constituir este EQUIPO desde las familias se apoyarán en **4 pilares fundamentales:**

- COMUNICACIÓN
- PARTICIPACIÓN

- COLABORACIÓN
- IMPLICACIÓN

Analicemos, a continuación, con detenimiento cada uno de estos pilares:

1. **COMUNICACIÓN:**
Una buena comunicación es primordial. Cuando en las relaciones de cualquier tipo falla la comunicación, todo se viene abajo pues en ese instante empiezan a surgir conflictos, disputas, malentendidos, etc. que nos encierran en un callejón sin salida del que es casi imposible escapar. Por este preciso motivo las relaciones familia-escuela deben asentarse en una **comunicación óptima**. Esto que sobre el papel queda muy bonito y parece muy sencillo es tremendamente difícil ponerlo en práctica pues es ahí donde encontramos grandes obstáculos para llevarlo adelante. Es momento de preguntarnos, *¿qué podemos hacer para conseguir una buena comunicación entre padres y docentes?*

Veamos algunas sencillas ideas para llevarlo a la práctica:

- *Aprovechar las reuniones y las tutorías para establecer un diálogo fluido con los profesores de nuestros hijos.*

- *No hacer uso de un doble lenguaje que nos perjudica a todos. Hablar claro y con sinceridad*

- *Comunicarnos siempre en aquellos espacios y tiempos que corresponden: nunca fuera de ellos. (ejemplo: los famosos corrillos a las puertas de los coles, etc.)Los problemas de la escuela se resuelven en la escuela y no en la panadería ni en el supermercado, etc.*

- *Saber escuchar es tan importante como saber hablar.*

✓ *Debemos aprovechar el poco tiempo del que disponemos para dialogar: no podemos decirlo todo.*

✓ *Transmitir a nuestros hijos el mensaje de que actuamos como un EQUIPO con sus profesores pues la actitud que los padres tengamos de la escuela y de lo que en ella se realiza es la que transmitimos a nuestros hijos.*

2. **PARTICIPACIÓN:**

"La participación de los padres en la educación no es solo un derecho, también supone un deber que implica compromiso con la tarea y responsabilidad en los resultados"(Gairin, 1996).

Si observamos los estudios recientes que nos hablan de la participación de las madres y los padres en la escuela destacan que es escasa y en ocasiones nula. Esto ocurre por diversas causas: **desmotivación, despreocupación, dificultad para conciliar la vida familiar y laboral**, etc. En otras ocasiones la causa principal es que las propias escuelas *"se encierran en sí mismas"* y no dejan acceder a las familias dificultando así su participación.

Veamos algunas ideas para mejorar dicha participación:

✓ *Crear un clima positivo en el centro educativo que favorezca esta participación tan necesaria por parte de las familias.*

✓ *Preparar convenientemente las reuniones con los profesores, aprovechándolas como un lugar de encuentro esencial apoyándonos en una gran comunicación y diálogo.*

✓ *Colaborar y participar en la AMPA del centro. Establecer un nuevo modelo de AMPA que participe activamente en la vida del centro. Estas AMPAS son las que denomino "AMPAS inteligentes" que se caracterizan por una gran creatividad, innovación, etc. Son un motor de ideas interesantes que ayudan a mejorar el clima del centro.*

✓ *Impulsar la creación de Escuelas de Madres y Padres en todos los centros educativos facilitando la reflexión de las familias.*

✓ *Centrar las prioridades del centro en la necesidad de compartir necesidades, inquietudes, ideas e intereses de manera conjunta.*

✓ *Aportar nuevas ideas, hacer críticas constructivas, etc.*

3. **COLABORACIÓN:**

El tercer pilar esencial es el de la colaboración. Necesitamos establecer una colaboración estrecha y animosa para mejorar las relaciones entre familia y escuela. Como muy bien señalan L. Bazarra, O. Casanova y J. García *"la tarea de educar debe ser compartida y convergente. Se equivoca quien pretende educar desde la divergencia en el modo en que padres y centro escolar entienden la educación y el mundo en que vivimos"*. Por este motivo es momento de colaborar estrechamente familias y escuela y para ello es necesario establecer equipos, redes y alianzas que nos ayuden a conseguir un vínculo positivo y equilibrado entre ambas instituciones pues *"la escuela no puede educar sin los padres y los padres no pueden educar sin la escuela"*.

4. **IMPLICACIÓN:**

El cuarto y último pilar se trata del tan necesario *compromiso educativo de las familias*. De todos es sabido que la implicación de las familias en la educación es un factor decisivo del éxito escolar del niño.

Como vemos, si trabajamos concienzudamente estos **4 pilares** estaremos en el buen camino para establecer (o restablecer) unas armoniosas relaciones entre las familias y la escuela ya que como siempre me gusta afirmar ***"las familias y la escuela necesitamos*** *compartir, no competir".* Ahí está la clave de todo. No podemos estar esperando a que cambie el otro. El cambio siempre debe empezar por uno mismo.

Además de todo esto, necesitamos también un **compromiso educativo de la sociedad** para que, de este modo, podamos promover una transformación total de nuestro sistema educativo ajustándonos a la realidad de la escuela del siglo XXI. Necesitamos la implicación de todos: medios de comunicación, familias, escuela, políticos, etc.

5 PASOS PARA LA ACCIÓN

1. **Elabora un DAFO.** Vas a realizar un análisis DAFO sobre las relaciones familia-escuela en tu centro educativo. Esta actividad se puede llevar a cabo a nivel individual o bien a nivel de claustro para valorar:

   - Debilidades: Puntos débiles.
   - Amenazas: Problemas futuros.
   - Fortalezas: Puntos fuertes.
   - Oportunidades: Ayudar futuro.

De este modo sabremos en qué punto nos encontramos y qué podemos mejorar. El objetivo de esta actividad es:

   - Conocer la realidad de nuestro centro en cuanto a las relaciones familia-escuela.
   - Escuchar la voz del profesorado del mismo.
   - Proponer IDEAS para mejorar las relaciones entre las familias y la escuela.

2. **Acciones concretas.** Una vez elaborado el DAFO tenemos que definir acciones concretas que vamos a llevar a cabo para mejorar las debilidades detectadas. Solo propondremos 2 acciones para llevarlas a cabo durante el curso escolar. El curso siguiente proponemos 2 nuevas acciones y seguiremos reforzando las anteriores. Con esto, conseguimos consolidar nuestras fortalezas y hacer frente a las debilidades y posibles amenazas en referencia a las relaciones de las familias con nuestro centro.

3. **Trabajo en red.** Establece un "trabajo en red" con otros centros educativos preocupados por esta temática. Contacta con otros centros y ofréceles información del trabajo que estáis desarrollando en el vuestro. Realiza esta actividad con el resto de compañeros del claustro:

    a. Identificad las normas prácticas que facilitan/dificultan la implicación de las familias en vuestro centro.
    b. Añadid ideas-propuestas durante el curso escolar.

4. **Organiza una Escuela de Padres y Madres.** Te animo a que pongas en marcha una Escuela de Padres y Madres en tu centro. Lo que ocurre es que el concepto de EP está ya muy desgastado. Necesitamos un nuevo modelo de EP y yo he creado uno: la Escuela de Padres con talento. Te invito a que entres en la web de mi proyecto www.escueladepadrescontalento.es y verás lo que estamos haciendo. Si te interesa te puedo ayudar a poner en marcha una Escuela de Padres en tu centro.

5. **Únete a mi proyecto** para mejorar las relaciones entre las familias y la escuela: la *Alianza Educativa*. Entra en

www.alianzaeducativa.es e infórmate de los pasos a seguir. Te espero.

LECTURAS Y VÍDEOS RECOMENDADOS

LECTURAS

- *"Familia y Escuela. Escuela y Familia" Óscar González.*
- *"Escuela y familia: una alianza necesaria" Rolando Martiñá.*
- *"Escuela para padres. Claves para educar a nuestros hijos" María Jesús Comellas*
- *"¿Quién educa a mi hijo?" Victoria Cardona.*
- *"Creer en la educación" Victoria Camps.*

VÍDEOS

- *Familia y Escuela: una alianza necesaria (Óscar González)*
  https://www.youtube.com/watch?v=vP-YlFaq14k

- *La difícil relación entre la familia y la escuela (Óscar González)*
  https://www.youtube.com/watch?v=G2v8vb0PDKE

- *Promover la participación (Óscar González)*
  https://www.youtube.com/watch?v=oQ4h6VgCOgI

- *Ideas para pasar a la acción (Óscar González)*
  https://www.youtube.com/watch?v=27kkxccW3HU

#PARA REFLEXIONAR

- *"Siempre estamos esperando a que el otro cambie: los profesores esperando a que los padres cambien, y los padres que cambie el profesorado. ¿Y si cambiamos todos?* Óscar González

- *"Todas las piedras que los padres tiren al tejado de la escuela hacen que caigan las tejas sobre las cabezas de sus hijos".* Miguel Ángel Santos Guerra

- *"Familia y escuela, una relación que debemos construir a pesar de la complejidad de la tarea. Son grandes los beneficios de educar juntos"* Óscar González.

- *"Se ha terminado el tiempo del profesor aislado y encerrado en su aula. Es el claustro entero el que educa, más aún, es la red de centros, el sistema educativo entero. Y el sistema educativo tiene que establecer profusos lazos de cooperación con las familias y el resto de la sociedad"* José Antonio Marina

El cambio educativo

PROFESORES DEL SIGLO XXI

Óscar Gonzalez

18

El desprestigio del profesorado

Comparto contigo en este artículo un pequeño extracto del segundo capítulo de mi libro **"Familia y Escuela, Escuela y Familia"** donde hablo del *desprestigio* de la profesión docente en la actualidad y qué es lo que están haciendo algunos países para mejorar constantemente sus sistemas educativos para dar valor y cuidar la figura "del profesor". Espero que sea de tu interés:

El des-prestigio del profesorado

Como muy bien señala Victoria Camps en su extraordinario libro *"Creer en la Educación"*, Península 2008: «*En general, la perspectiva social del trabajo docente no es buena: es un trabajo mal retribuido y, por lo tanto poco valorado. Así se recrimina a los profesores por trabajar pocas horas, porque tienen demasiadas vacaciones, porque no se comprometen del todo con las tareas escolares. Muchos padres culpan a los profesores de los problemas de sus hijos: porque no les dedican suficiente tiempo, porque no tienen interés, etc. Esto lo único que provoca es un mayor distanciamiento entre padres y docentes. El profesorado por su parte se queja de la falta de reconocimiento social, y no le falta razón*».

Lo que asevera Victoria Camps en su libro es totalmente verídico pues el sentir del profesorado es *que* **no hay reconocimiento social a su labor**. Más adelante veremos que, gracias a alguna institución, se está intentando que esto no sea así y cambien un poco las cosas.

Esta **pérdida de prestigio social** del profesor la podemos observar, por ejemplo, en la ausencia de docentes en debates televisivos o radiofónicos, en las páginas de opinión de los periódicos, etc. Es decir, en todo aquello que no sea el ámbito de una aula o un centro.

Pongo algunos ejemplos clarificadores de lo que afirmo: Hace unos años, cuando surgió el insistente debate sobre la conveniencia o no de impartir Educación para la Ciudadanía en los centros pude observar con gran asombro que, en numerosos debates televisivos y radiofónicos donde se hablaba del tema la ausencia del profesorado era notable. Yo pensaba: *"¿Cómo puede estar debatiéndose un tema escolar y no contar con la presencia de ningún profesor?, ¿No van a ser ellos los encargados de impartir la asignatura? Algo tendrán que opinar, digo yo"*.

Otro ejemplo lo puedes comprobar tú mismo: compra cualquier revista que trate el tema de la educación infantil en un kiosco o navegue por páginas educativas de la web. Comprobarás con asombro que los contenidos son elaborados por psicólogos, psiquiatras, psicopedagogos, etc.(a los que tengo mucha estima y valoro mucho su trabajo) Pero de nuevo, la presencia de profesorado es **nula**.

¿Te imaginas una publicación sobre salud y vida sana donde no apareciese la colaboración de ningún médico? ¿Y una tertulia televisiva sobre medicina sin la presencia de un galeno? Sería impensable. Pues bien, con el profesorado sí está ocurriendo esto. Como suele decir a menudo el Juez de Menores Emilio Calatayud *"hemos perdido el norte"*. Estamos totalmente desnortados. Estos hechos nos confirman la tremenda desconfianza hacia la escuela y el profesorado por parte de la sociedad(padres, medios de comunicación, etc.) Y esto tiene que cambiar de manera radical.

No tiene que sorprendernos después que cuando se realice cualquier Reforma Educativa no se tenga en cuenta la voz del profesorado.

Se debe empezar a contar con la presencia del profesorado en todos estos foros de reflexión y que la sociedad vaya tomando conciencia **del valor** que tienen los profesionales de la enseñanza y el trabajo que realizan. José Antonio Marina en una entrevista reciente (*contraportada diario El País del 10 de Diciembre de 2007*) expresaba lo siguiente: *"Los docentes aparecen como unos monigotes, cuando la realidad es otra. Aunque somos administrativamente funcionarios del Estado, somos de hecho funcionarios de la sociedad, es decir, tenemos que defender si es necesario la sociedad frente al Estado. Somos intermediarios críticos, no correa de transmisión de las directrices ministeriales"*. Me encanta esa expresión: **Funcionarios de la Sociedad**. Es una verdadera lástima que *la sociedad no los vea así*.

Una de las percepciones del profesorado es que **los padres no hablan con cariño y con respeto sobre la escuela y el trabajo que en ella se realiza** y eso está provocando un enorme desánimo entre ellos. Personalmente considero que se debería luchar por que la carrera de Magisterio fuese una Licenciatura y además el maestro tuviese un reconocimiento económico importante como se hace en otros países que están obteniendo unos **resultados muy positivos en educación.**

Pero no tenemos que centrarnos únicamente en la parte económica sino luchar por una formación de calidad del profesorado pues según se desprende del último informe **Mc Kinsey** en el que se busca responder esta cuestión: *¿Por qué algunos sistemas escolares obtienen consistentemente mejores resultados y mejoran más rápido que otros?*

Se llega a la siguiente conclusión: *"La calidad de un sistema educativo tiene como techo la calidad de sus docentes"*.

Para ello, los países que obtienen un mejor resultado actúan del siguiente modo:

1. Atraen a los mejores: Eligen a sus docentes entre el 30% de los mejores licenciados de secundaria y limita los cupos para formar profesores, de manera de garantizar que sólo los mejores ocupen las vacantes.

2. Desarrollar a esos aspirantes hasta convertirlos en los mejores maestros. Muchos de los sistemas educativos exitosos, basan su instrucción en prácticas en las escuelas. Por ejemplo, Singapur tiene docentes senior para guiar el entrenamiento en los colegios.

3. Brindar la mejor educación posible a todos los niños. Se han desarrollado enfoques para que las escuelas puedan suplir los déficits que arrastra cada estudiante como, por ejemplo, verificar que el financiamiento esté dirigido a los que más lo necesitan. Además, monitorean permanentemente a las escuelas. En Hong Kong, por ejemplo, la tarea la ejerce una oficina independiente de las escuelas y del Estado.

Por este motivo, hemos de intentar que los que tengan acceso a los puestos de trabajo docente sean siempre *los mejores y poseedores de una gran vocación.* En un interesante artículo de Miguel Ángel Santos Guerra se destaca algo que para mí es importantísimo: *"Una mejor selección de los docentes llevaría a la enseñanza a las personas que de verdad tuviesen deseo y capacidad de ejercerla con solvencia y buena disposición. En Primaria habría que conseguir que cursasen la carrera aquellos que desearan acceder a ella como primera opción. En Secundaria creo que sería bueno que accediesen a la docencia aquellas personas que, al comenzar la carrera, tuvieran el deseo de integrar un equipo educativo en una institución docente. No me gusta que aquellos que querían ser químicos o literatos o matemáticos o geógrafos acaben siendo por accidente docente de forma vitalicia".*

Es momento de que **todos trabajemos** para cambiar la visión social del trabajo docente. Es necesario recuperar el prestigio social del profesorado. Para ello es necesario empezar a trabajar por mejorar las relaciones entre las familias y la escuela. ¿Me ayudas?

EL TUIT:

@OscarG_1978

"La calidad de un sistema educativo tiene como techo la calidad de sus docentes"
#cambioeducativo

ESCRIBE TU TUIT:

Óscar Gonzalez

19

Ser docente del siglo XXI

Si queremos empezar a trazar la figura del **docente del siglo XXI** tenemos que dejar a un lado el desánimo y pesimismo imperante tomando una actitud animosa y optimista frente a la situación que nos ha tocado vivir. Por el simple hecho de dedicarnos en cuerpo y alma a la educación **debemos creer en una posibilidad de cambios**. Y no solo digo debemos, es que estamos obligados a ello. Como destaca el propio Miguel Ángel Santos Guerra *"hay contextos en los que decir que disfrutas trabajando es poco menos que una herejía. Es incluso una estupidez. En ese ambiente lo que se lleva es despotricar de la tarea, de las autoridades, de los alumnos, de las familias y de la vida misma"*. Nosotros no podemos ir por ese camino si realmente queremos *transformar la Escuela del siglo XXI*.

Tenemos que confiar en nuestra labor silenciosa (y en ocasiones silenciada) porque si no, ¿quién lo va a hacer por nosotros? En educación los cambios y las transformaciones son muy lentos y los resultados son a tan largo plazo que es posible que ni tan siquiera los lleguemos a ver. Para ello debemos empezar por considerarnos a nosotros mismos como nos denomina *Javier Urra*:

"El profesional de la esperanza", "constructor de presente y futuros, el maestro es un referente, un ejemplo vivo y continuado", "es fundamental que los padres valoren y transmitan a sus hijos el cariño, respeto y gratitud a los maestros, que estén en continuo

contacto con los mismos, que escuchen sus argumentos, que sancionen a sus hijos por su bien cuando el profesor haga saber conductas que lo requieren".

Pero estos cambios y transformaciones solo serán posibles si realmente estamos convencidos de que se pueden conseguir. Es de ese modo cuando dejaremos de hablar de desprestigio de la labor docente y devolveremos a la escuela y sus profesores al lugar que merecen. Por algo en Finlandia, donde la educación es un tema prioritario, están obteniendo unos excelentes resultados en el famoso Informe PISA, ¿crees que allí no se valora la función y el papel del profesorado?

En el mismo artículo que he mencionado anteriormente, Santos Guerra señala que *"hay países donde aquellos que desean ser químicos van a la facultad de química y quienes quieren ser profesores de química al Instituto Pedagógico de Química y allí aprenden química y a ser profesores de química. Y para acceder a los Institutos Pedagógicos es necesario haber alcanzado una puntuación mayor que para entrar en las Facultades. Es decir, la filosofía se muestra con claridad: **los mejores, a la enseñanza**".* Vamos, igualito que aquí en nuestro país...

Debemos seguir el camino marcado por estos países si queremos alcanzar el nivel y la calidad que ellos poseen en educación. Eso no significa que tengamos que copiar lo que hace Finlandia y demás países ya que nuestra realidad cultural, social y educativa es bien distinta. Ojalá fuese tan simple como copiar e imitar lo que se hace allí... Tenemos que buscar **nuestro propio modelo**. Y es justo por ahí por donde debemos empezar. No podemos perder tiempo, el mañana empieza hoy mismo. Es el futuro de la infancia y de la sociedad lo que está en juego.

Me gustaría terminar esta entrada citando un fragmento del precioso artículo publicado en El País Semanal por Manuel Rivas que lleva por título **"Amor y odio en las aulas"**. Dice así:

> "Mucha gente considera que los maestros de hoy viven como marqueses y que se quejan de vicio, quizás por la idea de que trabajar para el Estado es una especie de bicoca perpetua. Pero si a mí me dan a escoger entre una expedición Al filo de lo imposible y un jardín de infancia, lo tengo claro. Me voy al Everest por el lado más duro y a pelo. Ser enseñante no sólo requiere una cualificación académica. Un buen profesor o maestro tiene que tener el carisma de un presidente del gobierno, lo que ciertamente está a su alcance, la autoridad de un conserje, lo que ya resulta más difícil, y las habilidades combinadas de un psicólogo, un payaso, un dj, un pinche de cocina, un puericultor, un maestro budista y un comandante de la KFOR. Conozco a una profesora de Ciencias Naturales que sólo desarmó a sus alumnos cuando demostró unos inusuales conocimientos futbolísticos, lo que le permitió abordar con entusiasmo la evolución de las especies. Y a un profesor de Matemáticas que consiguió hacerse con la audiencia tras interpretar un rap Public Enemy Number One". Y añade, " Todo lo que pasa, y lo que se avecina, no tiende a disminuir la importancia de la escuela sino todo lo contrario. Y la desmoralización del profesorado debería transformarse en una nueva autoestima, en un nuevo orgullo".

No tiene desperdicio. Ojalá los docentes nos veamos de este modo a nosotros mismos. Lo necesitamos para ir en buena dirección...

En conclusión, **ser docente *es una forma de vida.***

EL TUIT:

@OscarG_1978

"Enseñar no solo es una forma de ganarse la vida, es sobre todo una forma de ganar la vida de los demás" Emilio Lledó #cambioeducativo

ESCRIBE TU TUIT:

20

¿Por qué te gusta ser profesor?

Me gustaría que te tomes 5 minutos para que reflexiones e intentes dar respuesta a la siguiente cuestión: **¿por qué te gusta ser profesor/a?**, es decir, **qué es aquello que te motiva cada día para ir al colegio y disfrutar de tu profesión.**

Te planteo algunas cuestiones extraídas del libro *"**Pasión por enseñar**"* de Christopher Day (Ed. Narcea) que te ayudarán a dar respuesta a la pregunta que da título a esta entrada. Están basadas en el educador belga Geert Kelchtermans, quién identificó cinco componentes en **el yo del maestro**: *autoimagen, autoestima, motivación, percepción de la tarea y perspectivas futuras.*

Toma papel y lápiz e intenta contestarlas con total sinceridad. Podrás extraer conclusiones muy interesantes...

1. **AUTOIMAGEN**

   - ¿Quién soy yo como maestro?
   - ¿Qué conexiones hay con quién soy yo como persona

2. **AUTOESTIMA**

   - ¿Hasta qué punto estoy haciendo bien mi trabajo?

- ¿Estoy satisfecho conmigo mismo como maestro?
- ¿Cuáles son las fuentes de mi alegría y satisfacción?
- ¿Qué me hace dudar de mis cualidades personales y profesionales?

3. MOTIVACIÓN PARA EL TRABAJO

- ¿Qué me motivó para hacerme maestro?
- ¿Qué me motiva para seguir siéndolo?
- ¿Qué podría contribuir a aumentar o mantener mi motivación como maestro?
- ¿Cómo me pueden ayudar otras personas?

4. PERCEPCIÓN DE LA TAREA

- ¿Qué debo hacer y cómo para ser un buen maestro?
- ¿Siento que los problemas emocionales o relacionales de mis alumnos me preocupan? ¿hasta qué punto?
- ¿Es suficiente que todos mis alumnos consigan los objetivos mínimos para mis clases?
- ¿Cuál es mi programa de desarrollo profesional?
- De lo que hago habitualmente, ¿qué forma parte de mi trabajo como maestro y qué no forma parte?
- ¿Qué puedo hacer para mejorar mi situación?

5. PERSPECTIVAS FUTURAS

- ¿Cuáles son mis expectativas para el futuro y qué siento con respecto a ellas?

- ¿Cómo preveo el resto de mis años en la enseñanza?, ¿cómo puedo mejorar mi futuro?

¿Has contestado todas las preguntas?, ¿qué te han parecido?

Añade cuantas cuestiones consideres que puedan ayudarte a reflexionar y sobre todo a **mejorar en tu tarea educativa diaria.**

EL TUIT:

@OscarG_1978

"Mejora la vida mejorándote a ti mismo, y mejórate a ti mismo ayudando a mejorar a los demás" Princ Blu #cambioeducativo

ESCRIBE TU TUIT:

Óscar Gonzalez

21

El profesor, la clave del cambio

Para mi proyecto de la Alianza Educativa estoy llevando a cabo un estudio sobre **qué están haciendo algunos países para mejorar la calidad de su educación** y estoy encontrando ideas muy interesantes que deberíamos aplicar a nuestro propio sistema.

¿Qué crees que es lo primero que hacen los políticos cuando aparecen unos resultados decepcionantes en las comparaciones del famoso informe PISA? Hasta el momento su forma de actuar ha sido la siguiente: **aumentar la inversión en educación**. Como podrás comprobar España no está entre ellos y es preocupante pues como muy bien destaca J.A. Marina *"no podemos mantener la calidad por debajo del 4,5% del PIB"*.

Sin embargo, si nos atenemos al destacado informe publicado por la consultora Mc Kinsey *"How the word´s best-performing school systems come out on top"(2007)* se señala que **no hay una relación directa entre la inversión en educación y los resultados**. Pero esto es relativo ya que por debajo de un determinado nivel de inversión no podemos tener un buen sistema educativo.

El citado informe resalta a los profesores como **el factor clave** en educación. Por tanto la inversión económica en edificios y materiales no es tan importante como la **inversión en una buena formación y la preparación de un profesorado competente**.

El informe Mc Kinsey llega a la siguiente conclusión: *"la calidad de un sistema educativo tiene como techo la calidad de sus docentes"*. Creo que los docentes debemos empezar a creernos esta afirmación. Te recomiendo que leas el artículo que publiqué sobre "Ser docente del siglo XXI" Por este motivo, los países que obtienen un mejor resultado actúan del siguiente modo:

- *Atraen a los mejores.* Eligen a sus docentes entre el 30% de los mejores alumnos que salen del bachillerato y limitan la formación de los profesores y así garantizan que solo los mejores ocupen estas vacantes.

- *Preparan a esos aspirantes hasta convertirlos en los mejores maestros.* Muchos de los sistemas educativos exitosos basan su formación del profesorado en prácticas en las escuelas. Por ejemplo, Singapur tiene "docentes senior" para guiar el entrenamiento de estos futuros docentes en los centros.

- *Brindan la mejor educación posible a todos los niños*. Pretenden que las escuelas puedan suplir los déficits que arrastra cada estudiante verificando que la financiación esté dirigida a los que más lo necesitan.

¿Y qué podemos hacer en nuestro país?, ¿cómo empezamos? Pues debemos ponernos en marcha ya mismo si no queremos que nuestro sistema educativo *"sea considerado de tercera regional"* pues *"está estancado en la mediocridad y hay que recuperar una especie de optimismo educativo"* como afirma J.A. Marina acertadamente. Nuestros esfuerzos deben centrarse en **crear una escuela del siglo XXI** para erradicar el fracaso escolar.

Si queremos mejorar no podemos seguir haciendo lo que tuvo éxito en el pasado, hoy no sirve. Debemos trabajar para ese futuro que se avecina incierto con una escuela a la altura de las circunstancias llevando a cabo **una transformación real** en todos los sentido.

Para llevar esta enorme tarea adelante necesitamos tiempo y mucha paciencia esperando unos resultados a muy largo plazo (todo lo contrario que la visión *cortoplacista* de los políticos). Además de la paciencia otra condición imprescindible que aparece reflejada en otro informe Mc Kinsey es que las intervenciones se deben llevar a cabo con rigor y disciplina. Un símil sería las dietas de adelgazamiento en las que se debe ser estricto si se quiere tener éxito.

Esto está muy bien, pero **¿por dónde podemos empezar?** Se me ocurren algunas ideas para empezar a mejorar nuestro sistema. Tenemos muchos frentes abiertos pero hemos pasar a la acción y abordarlos con decisión. No podemos dejar pasar más tiempo... Veamos algunas ideas:

- Mejorar la formación del profesorado (tanto la formación inicial como la formación continua).
- Mejorar los equipos directivos de los centros educativos y la gestión que realizan los mismos.
- Mejorar las relaciones entre la familia y la escuela trabajando todos en la misma dirección y sentido como un auténtico equipo eliminando recelos y barreras innecesarias. Las escuelas necesitan la confianza de saber que cuentan con el apoyo de los padres y las madres para avanzar hacia delante.
- Trabajar para reconocer las habilidades naturales de los niños y potenciarlas para que florezcan. Es decir, ayudarlos a encontrar su "elemento".
- Cambiar el concepto de éxito y fracaso en el sistema educativo actual, que no debe medirse única y exclusivamente por la demostrada valía académica.

- Trabajar para educar y preparar a los niños y jóvenes para un mundo cambiante e incierto.
- Volver al "aprendizaje experiencia".
- Fomentar una educación expandida: el aprendizaje sucede en cualquier momento y en cualquier lugar.
- Aprender de los alumnos, de los estudiantes.

¿Qué ideas añadirías tú?, ¿por dónde crees que podríamos empezar a cambiar y mejorar el sistema?, ¿qué cosas deberíamos cambiar para salir de la mediocridad en la que estamos inmersos?

EL TUIT:

@OscarG_1978

"El maestro, ese que siempre recordamos, nuestro maestro, no solo influye sino que marca en gran medida nuestra vida" Javier Urra #cambioeducativo

ESCRIBE TU TUIT:

El cambio educativo

PROFESORES DEL SIGLO XXI

APRENDE MÁS...

Como muy bien afirma Richard Gerver *"tenemos que preparar a nuestros hijos para lidiar con los cambios, un futuro incierto, en vez de certezas"* y por este motivo el **rol del profesor del siglo XXI** debe ser distinto. Einstein ya decía que *"si quieres obtener resultados distintos no hagas siempre lo mismo"*. Si queremos promover este cambio no podemos hacer lo que venimos haciendo hasta hoy: ya no sirve.

Es necesario establecer un CAMBIO en el rol que desempeña el profesor del siglo XXI. El profesor ya no es un "mero transmisor de contenidos, de conocimientos" sino **un guía de aprendizaje.** Como diría Gerver *"la escuela no tiene que enseñar al niño cómo ser mandado sino cómo buscarse oportunidades. El centro de aprendizaje ha de ser un DIÁLOGO y no un monólogo donde un experto dicta conocimientos..."*

María Acaso en su fantástico libro rEDUvolution destaca que *"consiste en entender el PROFESOR COMO ACOMPAÑANTE"*. Es decir, la idea del profesor como **coacher** que se está poniendo en marcha en algunos países. Comparto aquí el decálogo de Raúl González que puedes encontrar en su blog:

> 1- *Priorizarás la agenda de tus alumnos por encima de todas las cosas, especialmente por encima de la agenda del colegio, la del sistema educativo y la tuya.*
> *No estoy diciendo que haya que dejar de lado todas las otras*

*agendas; sólo que la prioritaria es la del alumno porque es la que va a determinar su motivación y su interés, que son los **mecanismos básicos del aprendizaje**. Hay que partir de ella para llegar a las otras. Intentarás conocer qué motiva a tus alumnos e intentarás armonizar los objetivos y métodos de la asignatura con su motivación, nunca al revés.*

2- Aprenderás a generar responsabilidad y compromiso en tus alumnos sin dejar de ser asertivo.

*Para poner límites y hacer que los alumnos experimenten las consecuencias de sus acciones no es necesario enfadarse, molestarse, gritar o desesperarse. Perder el control es lo contrario de ser exigente, es convertirse en un muñeco al servicio de los demás. El **coaching** me ha dado herramientas para establecer acuerdos y luego evaluar el cumplimiento mutuo de compromisos, con sus correspondientes consecuencias positivas o negativas previamente establecidas por ambas partes.*

3- No competirás con el teléfono móvil por la atención de tus alumnos, te aliarás con él.

*Las redes sociales no son enemigas de la educación; al contrario, son el futuro del aprendizaje. Aliáte con ellas utilizando sus recursos siempre que puedas, y sobre todo aplicando su filosofía a las clases offline en la medida de lo posible. **Las redes sociales son colaborativas, divertidas, interactivas, participativas, espontáneas, cooperativas, muy emocionales...** Ese es el modelo de clase que intento aplicar. Me he dado cuenta de que cuando mis alumnos trabajan en grupo, no están pendientes del teléfono móvil. Al fin y al cabo, cuando lo consultan durante mis explicaciones sólo buscan interaccionar con otras personas; si les damos eso en el aula, no necesitan buscarlo fuera durante la clase.*

4- No te rendirás al no obtener resultados inmediatos cuando intentes fomentar la participación en el aula.

*No puedes cambiar las relaciones de poder, las rutinas, las costumbres arraigadas, las formas ya establecidas de relacionarse y los roles de pasividad adquiridos durante años por parte de los alumnos en un día, ni en una semana, ni en un mes. Se requiere mucha persistencia, y mucho entrenamiento de las propias habilidades del profesor para saber generar **espacios de participación** allí donde tradicionalmente no los ha habido. En esto también nos sirve de modelo las redes sociales, el mayor espacio de participación que existe en nuestra época. Nuestros alumnos sí participan activamente y se involucran en las redes sociales; si no lo hacen en el aula, tenemos que crear las condiciones que lo permitan, junto con ellos.*

5- **Valorarás la autoestima, la motivación, la confianza y otros aspectos emocionales de tus alumnos más que cualquier contenido de tu asignatura.**

*Aunque a los profesores nos duela como una patada en nuestro ego, lo más probable es que nuestros alumnos puedan vivir perfectamente el resto de su vida laboral y personal sin aprender o recordar absolutamente nada de nuestra asignatura. Pero ninguna persona puede ser feliz sin autoestima. O sin ser responsable sobre su propia vida. Los alumnos que se sientan durante varias horas diarias a escuchar contenidos que no les interesan a lo largo de los años sufren un proceso de despersonalización muy fuerte, similar al que sufren las personas que cumplen condena en prisión. Se produce una sensación de falta de control sobre la propia vida, que degenera en una resignación pasiva con terribles consecuencias para la capacidad de tomar decisiones y la capacidad de planificar un futuro constructivo. Hay que **empoderar a los alumnos** sobre su propia vida involucrándoles en la toma de decisiones, la planificación y la ejecución de las clases, aunque el precio sea no poder impartir todo el contenido tal y como nos gustaría.*

6- **Tu objetivo como profesor ya no es tanto transmitir**

contenidos, sino principalmente ayudar a las personas a entrenar habilidades y actitudes.

Los contenidos se quedan obsoletos cada vez más rápido, pero la necesidad de incorporar nuevas habilidades va a ser permanente en la vida de las personas. Tu temario puede ser un documento viviente que vayan construyendo los alumnos en función de sus necesidades e intereses, aprendiendo así a buscar información, seleccionarla, compartirla, utilizarla y crearla.

7- Actualizarás y adaptarás tus herramientas educativas permanentemente.

No se puede educar a una persona con un látigo en una mano (sanciones) y una zanahoria en la otra (premios). Hay que incorporar todo tipo de **herramientas**, desde las tecnológicas a las comunicativas, pasando por las herramientas para dar feedback, para generar compromiso, para lograr la participación, etc. Además esas herramientas no son universales, hay que adaptarlas a cada grupo y a cada persona.

8- No dejes que el proceso de evaluación formal condicione el proceso de aprendizaje.

Las evaluaciones numéricas fueron útiles para comparar personas de manera estandarizada, pero cada vez más la tendencia es valorar a las personas en el mercado de trabajo por su carácter único, y por **la combinación específica de competencias y actitudes que lo diferencian del resto de personas.** Seguimos evaluando con cifras por inercia, pero no podemos permitir que un número condicione y reduzca toda una experiencia de aprendizaje que dura meses.

9- Serás consciente de que lo que haces en el aula es muchísimo más importante que lo dices.

Me da igual que enseñes geografía, contabilidad empresarial o psicología cognitiva; tu forma de relacionarte con tus alumnos, el modo en que te comunicas con ellos o los aspectos que priorizas *en el aula son toda una declaración de* **valores y principios**. *Si les animas a participar pero cuando son espontáneos te molestas, o si les dices que quieres que sean creativos pero cada vez que hablan les corriges, lo que prevalece es lo que transmite tu conducta, seas o no consciente de eso. Da igual lo que digas y las veces que lo digas; haciendo lo mismo sólo vas a obtener más de lo mismo. Si quieres generar un cambio tienes que cambiar lo que haces, porque es mucho más relevante que lo que dices.*

10- *Cuanto más te calles tú y más conversaciones e interacción generes entre tus alumnos, mejor.*

La situación de aprendizaje perfecta para mí es que lograr estar callado mucho tiempo mientras mis alumnos se entusiasman interaccionando entre sí en una **dinámica de grupo**, *destrozando el material que yo con tanto esmero he preparado y construyendo el suyo propio. Cuando logro que se entusiasmen de esa forma y observo desde fuera cómo trabajan en grupo sobre mi asignatura, luego compruebo que estos momento son los que más disfrutan y los que más aprenden. No creo que la coincidencia de ambos factores sea casualidad.*

Hay un último mandamiento que trato de cumplir por encima de los 10 anteriores. Tiene que ver con **el feedback que recibo de mis alumnos**, y podría resumirse así: tienes que inventar una forma para que tus alumnos te comuniquen qué estás haciendo bien, para hacer más de eso, y qué puedes hacer mejor, para empezar a hacerlo.

De lo contrario, corro el riesgo de perderme en la inercia y tropezar con la rutina, en vez de divertirme y crecer con mis alumnos.

5 PASOS PARA LA ACCIÓN

1. Reflexiona y contesta con sinceridad estas cuestiones:

   - Para ti tu materia es...
   - ¿Qué te define como profesor?
   - ¿De qué forma preparas tus clases?

2. **¿Qué recuerdos nos deja un buen profesor?** Analiza qué cualidades poseen aquellos profesores que recordamos de manera positiva y qué puedes hacer para parecerte a ellos en ese sentido (en qué debes cambiar-mejorar).

3. Desde el Grupo ÁRCIX en su libro *"Ser profesor y dirigir profesores e tiempos de cambio"* nos plantean una serie de **cuestiones que como docentes nos deberíamos formular:**

   - *¿Por qué somos profesores?*
   - *¿Por qué elegiríamos o no, segur siéndolo?*
   - *¿Para qué damos clase, cuál es nuestro proyecto educativo?*

4. **Reflexiona sobre estas cuestiones y contesta:**

   - ¿Puede transmitir pasión, curiosidad y entusiasmo por aprender quien no está dispuesto a vivirlo en primera persona?
   - ¿Podemos como profesores invitar a la lectura, el análisis crítico, etc. Si todo esto no forma parte de nuestras vidas?

5. **Autoevalúate como profesor**: realiza un análisis detallado de tus fortalezas y debilidades como docente. Márcate un objetivo concreto e intenta consolidar tus fortalezas superando las debilidades. Podemos hacer un análisis DAFO como el que te he planteado en un capítulo anterior.

LECTURAS Y VÍDEOS RECOMENDADOS

LECTURAS

- *"Ser profesor y dirigir profesores en tiempos de cambio "* Grupo ÁRCIX.

- *"Padres brillantes, maestros fascinantes"* Augusto Cury.

- *"Neuroeducación: solo se puede aprender aquello que se ama"* Francisco Mora.

- *"Inteligencias múltiples: de la teoría a la práctica"* Howard Gardner.

- *"Directivos de Escuelas Inteligentes"* Lourdes Bazarra y Olga Casanova.

- *"Dale la vuelta a tu clase"* Jonathan Bergmann y Aaron Sams.

VÍDEOS

- *Lo bueno de ser profesor*
  https://www.youtube.com/watch?v=XUeWWNwgIWk

- *Usar el pensamiento crítico y creativo para mejorar el aprendizaje (Robert Swartz)*
  https://www.youtube.com/watch?v=RzmbaFbkEgc&index=6&list=PLns6CdazPaq1afTNlVZ1pYWxzA4Cmzp0j

- *Reinventar la educación (Salman Khan)*
  https://www.youtube.com/watch?v=CF_oTCspzE8

- *Mesa redonda "Maestros de escuela" (Para Todos La2)*
  http://www.rtve.es/alacarta/videos/para-todos-la-2/para-todos-2-debate-maestros-escuela/2528260/

#PARA REFLEXIONAR

- *"Los hombres inteligentes se pasan la vida aprendiendo, los demás, no paran de enseñar"* Oriol Amat.

- *"Nuestro interés principal como educadores debe estar en aprender y no sólo enseñar"* Grupo ÁRCIX.

- *"Hay que evidenciar la realidad de que el docente también aprende del estudiante, proceso que desde los foros anglosajones se conoce como reverse mentoring y que podemos traducir como educación a la inversa"* María Acaso.

- *"Nuestro trabajo como educadores es garantizar que nuestros alumnos sepan que son responsables de sus aprendizajes y que son ellos mismos quienes tienen el poder para controlar su propia vida"* Richard Gerver.

EL CAMBIO EDUCATIVO

Óscar Gonzalez

22

Deberes educativos de la sociedad

Si de verdad queremos cambiar la educación necesitamos de un verdadero **compromiso educativo de la sociedad.** Es necesario que todos y cada uno de nosotros trabajemos para poder conseguirlo remando en la misma dirección y sentido. Para ello es necesario que conozcamos cuáles son nuestros *deberes educativos*.

En mi libro "Familia y Escuela, Escuela y Familia" (Desclée De Brouwer, 2014) inicié un esbozo de una serie de ***deberes educativos*** para las familias, los docentes, la administración educativa, los políticos y los medios de comunicación. Si conseguimos que cada uno de estos sectores cumpla con *sus* deberes podremos alcanzar el tan necesario *compromiso educativo de la sociedad*.

Como suelo destacar *"todos tenemos que aportar soluciones: padres, madres, docentes, medios de comunicación, etc. Únicamente pondremos en funcionamiento este "motor de cambio educativo" trabajando en **equipos**, tejiendo **redes** y estableciendo **alianzas**. Con la fuerza de la unión provocaremos un cambio positivo en la educación".* No podemos quedarnos quietos esperar de manera ingenua a que los gobiernos resuelvan el problema educativo porque hasta la fecha, hemos dejado esta toma de decisiones en manos de los políticos y la situación lejos de mejorar no ha hecho más que empeorar. Como sabiamente reza el proverbio africano:

"Para educar a un niño, hace falta la tribu entera"

Este es el listado de los **deberes educativos** que propongo:

A LAS FAMILIAS

- Que eduquen a sus hijos sin miedo, que se atrevan a ejercer de padres sin dimitir de sus funciones.
- Que establezcan límites y normas en las pautas de comportamiento evitando caer en el reiterado *"miedo a que se traumaticen"*, que tanto daño está haciendo a los padres de hoy en día.
- Que lleven a cabo una auténtica *pedagogía de los deberes* asociando adecuadamente la noción de derecho junto con la de deber y obligación.(No podemos hablar solamente de derechos y más derechos a nuestros hijos).
- Que trabajen de manera conjunta en colaboración con el profesorado para conseguir una educación "en equipo".

A LOS POLÍTICOS

- Que dejen de usar la educación como arma electoral arrojadiza y se planteen de qué manera pueden colaborar para mejorarla.
- Que lleven a cabo políticas preocupadas en la mejora de la educación resaltando el valor del profesorado y la labor que realizan.

- Que se preocupen por invertir en educación pues la financiación es necesaria para cubrir todas las necesidades educativas. Se ha de incrementar el PIB que España destina a la educación, que está por debajo del 16% (media de los países más avanzados de la Unión Europea). Que no *recorten* en educación.

- Evitar al máximo una continua reforma del sistema educativo que no soluciona los problemas existentes pues actuar de esta forma es poner un parche pero el problema sigue estando ahí. No puede ser que nuestro país en los últimos 40 años haya conocido 7 leyes educativas, desde la Ley General de Educación de 1970, a la actualmente en vigor la Ley Orgánica de Educación de 2006. Así no vamos a ningún sitio. El problema fundamental es que los políticos tienen una visión "cortoplacista" del asunto pero la educación es un trabajo lento donde los resultados se obtienen a muy largo plazo.

- Que se preocupen por alcanzar un verdadero pacto educativo que beneficie a todos.

- Que obliguen a las cadenas de televisión a cumplir con el horario de protección infantil que en la teoría es muy bonito pero que en la práctica real es inexistente.

A LOS MEDIOS DE COMUNICACIÓN

- Que fomenten la *responsabilidad social* de los medios de comunicación.

- Que no sean simples *contenedores de publicidad* sino que eduquen de la mejor manera posible a través de su programación.

- Que cumplan con el horario de protección infantil y dejen de emitir programas basura en dichos horarios o, por lo menos, que procuren no maleducar.

- Que establezcan herramientas que sirvan de ayuda a la educación.

- Que se preocupen por transmitir la importancia de velar por la educación de los niños y niñas a los futuros profesionales de la comunicación en su etapa de formación.

- Que elaboren una programación auténticamente educativa con la intención de formar y educar en valores (buenos valores).

- Que se preocupen por la educación de manera permanente y no solo cuando aparezca algún conflicto puntual en un centro educativo (bullying, agresiones, etc.) transmitiendo un mensaje pesimista y desvirtuado de lo que es nuestra juventud. Es lamentable que una escuela que lleva adelante proyectos interesantes no sea noticia pero una escuela donde surge algún tipo de comportamiento negativo y que se sale de lo normal sí que es noticia y además con excesivo eco social.

Afirma M. A. Santos Guerra que *"a menudo no se producen noticias sobre el funcionamiento de la educación. No es porque no interese sino porque no se está saliendo de los cánones marcados. Basta ver el revuelo y el escándalo que despierta algún comportamiento anómalo, algún fenómeno que ponga en solfa el sistema de valores imperante"*.

La escuela es una institución que está en el punto de mira de la sociedad y este es un claro ejemplo de ello.

A LA ADMINISTRACIÓN EDUCATIVA

- Que trabajen para conseguir los mecanismos necesarios para abordar los conflictos en los centros educativos.

- Que los programas elaborados para tal fin sean realistas y no meros "proyectos de despacho" alejados de la trinchera educativa.

- Que se trabaje por mejorar la educación evitando la excesiva burocracia que se lleva a cabo en los centros haciendo que se pierda un tiempo valioso en papeleos innecesarios.

AL PROFESORADO

- Que tomen conciencia de grupo y aprendan a trabajar como tal.

- Que se evite al máximo la excesiva politización de los sindicatos pues todos tendrían que remar en la misma dirección y sentido. Es vergonzoso que haya demandas judiciales interpuestas entre los propios sindicatos que, en teoría, defienden los intereses comunes del profesorado. A esta lamentable situación no se debería llegar jamás.

- Que se trabaje de manera prioritaria con los alumnos una pedagogía de los deberes asociando debidamente derechos y deberes.

- Que colaboren estrechamente con las familias para poder educar "en equipo".

EL TUIT:

@OscarG_1978

"Para educar a un niño hace falta la tribu entera" Proverbio africano #cambioeducativo

ESCRIBE TU TUIT:

23

La bronca educativa

Me gustaría reflexionar contigo sobre un tema que me preocupa muchísimo: **el (mal)trato que la gran mayoría de los políticos de nuestro país están dando a la educación**.

La verdad es que me entristezco cada vez que pongo las noticias o leo la prensa y veo cómo a estos políticos les preocupa bien poco lo que ocurre con la educación. Y no me refiero únicamente al tema de los recortes (que también, por supuesto) sino a algo mucho más importante y trascendental: *está en juego el futuro de nuestra sociedad, el futuro de nuestros niños y jóvenes.*

No es de recibo que se siga "usando" la educación como una arma política para enfrentarse los unos con los otros. Me da la sensación de que cuando se menciona *el problema educativo* y nuestros políticos ofrecen datos y cifras al respecto extraídos de los recientes informes PISA y similares se olvidan por completo de que **detrás de los mismos hay personas que piensan y sienten**, profesionales de la educación que se parten el alma cada día por esos niños que tienen que formar y educar. Sería interesante recordarles una frase memorable de Sir Ken Robinson que afirma que *"los sistemas nacionales de rendición de cuentas tratan a los estudiantes como materia prima y consideran las estadísticas como resultados. Lo que estos **modelos impersonales** pasan por alto es que **la educación es siempre e inevitablemente personal**".*

Nuestros políticos están totalmente **desconectados** y sobre todo **desorientados** sobre los verdaderos desafíos y problemas a los que se enfrentan nuestros alumnos y nuestras escuelas. Por este motivo creo que se equivocan enormemente al **simplificar el problema educativo** y ofrecer como "la mejor solución" una nueva **reforma educativa** (la enésima en nuestro país). Esto conduce a una educación mucho más "superficial" y corta de miras, fruto del cortoplacismo de los políticos.

Como acertadamente afirma Richard Gerver *"los Gobiernos no tienen el valor necesario para comprender que el futuro no es una serie continua de reformas, pequeños ajustes y nuevas políticas. Se trata de emprender una **transformación radical**"*. No se trata de enmendar el sistema existente poniendo un nuevo parche a la espera de resultados inmediatos: tenemos que ser valientes y promover un auténtico **CAMBIO** que implique a toda la sociedad.

Pero el panorama actual es bien distinto al que debería ser: los políticos cierran los ojos ante los verdaderos problemas y desafíos reales y están inmersos en una **bronca educativa** en la que se pone el foco en las lenguas cooficiales, la educación para la ciudadanía, la religión, etc. ¿es eso lo más importante?, ¿es ese todo el problema de la educación en nuestro país? Seamos serios, por favor. El verdadero reto que tenemos por delante es el de **despolitizar la educación**, como afirma el propio Gerver *"limitar el control que tienen las clases políticas para que los educadores puedan educar y los niños puedan aprender de una forma centrada exclusivamente en los jóvenes y en el desarrollo de su potencial"*.

No podemos permitir que la educación esté **altamente politizada** y cuando digo esto no me refiero únicamente a los políticos sino a **aquellos claustros, sindicatos y AMPAS que se mueven únicamente y exclusivamente por intereses políticos y no por intereses educativos**. Y esto no lo podemos permitir ya que si no seguiremos enfrascados en una bronca educativa continua en la que desaprovecharemos un tiempo y unas energías preciosas. Además, de esta batalla siempre saldrán perdiendo los mismos: nuestros hijos y alumnos.

Tenemos la obligación de dejar bien claro y proclamar en voz alta que **la educación es más importante que la política** porque como dice Gerver *"estamos hablando del legado de una nación y este legado solo puede entenderse a partir de visiones a largo plazo* (algo de lo que nuestros políticos carecen); *nadie va a conseguir resultados espectaculares en cuatro o cinco años".*

Es momento de aparcar nuestras ideas políticas, de dejar a un lado nuestras filias y nuestras fobias y trabajar **por el bien común de nuestra sociedad.** Necesitamos más que nunca un pacto y un compromiso social por la educación para poder hablar de un CAMBIO con mayúsculas. Es momento de actuar, de pasar a la acción y trazar una hoja de ruta para iniciar este cambio.

EL TUIT:

@OscarG_1978

"Está en juego el futuro de nuestra sociedad, el futuro de nuestros niños y jóvenes"

ESCRIBE TU TUIT:

Óscar Gonzalez

24

Imagina tu vecindario educativo ideal

En este artículo te planteo un importante ejercicio de visualización. Siguiendo el ejemplo del gran Robin Sharma he ido elaborando una lista de todas las personas que me gustaría que formasen parte de mi *vecindario educativo ideal*. Según Sharma, el simple acto de enumerar a tus *vecinos ideales* te **conecta** con los valores y virtudes más respetados de otras personas.

He aquí algunas de las personas que integran mi lista:

José Antonio Marina, filósofo y escritor.
Galardonado con el prestigioso *Premio Nacional de Ensayo*, entre otros.

Richard Gerver, experto en educación. Es considerado un líder en la nueva educación. Aconseja a instituciones y gobiernos sobre cómo debe adaptarse la enseñanza a las nuevas necesidades del siglo XXI.

Ken Robinson, experto mundial en el desarrollo del potencial humano. Autor del best seller *"El elemento"*.

Javier Urra, doctor en psicología. Fue el *primer defensor del menor* en España.

Autor de numerosos libros entre los que destaca *"El pequeño dictador"*.

Augusto Cury, médico psiquiatra. Sus ideas pioneras sobre psicología educativa se han adaptado en numerosas universidades de Brasil.

Carl Honoré, escritor, periodista y estudioso del movimiento *slow*. Autor del best seller *"Elogio de la lentitud"*.

Inger Enkvist, catedrática de español en la Universidad de Lund (Suecia). Sus estudios se basan en el análisis de políticas educativas mundiales y la comparación entre ellas.

Emilio Calatayud, juez de menores de Granada, famoso por sus sentencias ejemplares.

Con este ***vecindario educativo*** asistir a una reunión de vecinos sería una auténtica gozada. Yo no me perdería ninguna ;-)

Tómate un momento ahora mismo para anotar algunas de las personas relacionadas con el mundo de la educación que te gustaría que viviesen en tu calle, configurando tu vecindario educativo.

Aprovecha esto para **analizar las cualidades** que hacen a cada uno de esos hombres y mujeres que has elegido tan admirables y de qué forma tú podrías **integrar esas cualidades** en tu propia vida. Es el primer paso para convertirte en la persona que realmente quieres ser...

Comparte tu *"vecindario educativo ideal"* conmigo. Hazlo, será divertido. Tan solo te llevará unos minutos y con tu aportación podemos conseguir una lista mucho más extensa y valiosa para todos.

EL TUIT:

@OscarG_1978

"El simple acto de enumerar a tus vecinos ideales te conecta con sus valores y virtudes más respetados" Robin Sharma
#cambioeducativo

ESCRIBE TU TUIT:

Óscar Gonzalez

25

Podemos mejorar la educación: diez propuestas para hacerlo

Hace unos años mi amigo Javier Urra me pidió una pequeña colaboración, unas breves notas contestando a la siguiente pregunta: *¿Qué es necesario para educar correctamente?* para su magnífico libro **Educar con sentido común**, en el que participaron muchísimos profesores tanto de infantil y primaria como de secundaria de nuestro país. En lugar de escribirle una serie de ideas sueltas pensé que podía ser interesante elaborar un pequeño *"Decálogo para educar correctamente."*

Fruto de ese *decálogo para educar correctamente* nace esta carta que he titulado **10 propuestas para mejorar la educación.** No me gustaría que se tomase como *un conjunto de diez principios o normas* sino como una serie de ideas o apuntes que, ojalá puedan ayudar a reflexionar sobre cómo **mejorar la educación**. Como en todo, lo más importante es que no quede en una exposición de ideas muy bonitas plasmadas en papel sino que nos **comprometamos** a llevarlas a la **práctica**. La situación actual nos obliga urgentemente a pasar a la acción. Estas son algunas de mis humildes ideas para intentar mejorar la educación:

1. Muchos problemas de la educación actual surgen, entre otras cosas, porque **no todos tenemos el mismo concepto de qué es educar**. Pongo varios ejemplos clarificadores: el

padre que se atrevió a cometer la imprudencia de salir junto con su hijo (menor de edad, por cierto) en los Sanfermines delante de los toros creía que estaba haciendo lo mejor para la educación de su hijo en ese momento. De la misma forma que el padre que cada fin de semana lleva a su hijo realizar actividades al aire libre en plena naturaleza cree exactamente lo mismo. Vemos pues, en estos dos breves ejemplos, que hay maneras dispares de dirigir la educación. Pero, ¿qué es mejor y qué es peor? Esto es difícil de afirmar pero considero que lo primordial es que por lo menos lleguemos a un acuerdo en los valores básicos que debemos transmitir dejando a un lado la afirmación más extendida en el mundo educativo actual y que nos está encerrando en un callejón sin salida: "**Todo vale**". No señores, todo no vale...

2. Lo que he destacado en el primer punto es fundamental ya que **vivimos, convivimos y educamos en sociedad**. Esto quiere decir que la forma de educar de mis vecinos, de mis familiares, es decir, del entorno va a afectar de alguna manera u otra a la forma en que yo educo a mis hijos. Podemos llegar a establecer una serie de acuerdos básicos a la hora de educar. **Es la sociedad entera la que educa** y, por tanto, somos todos los que tenemos que colaborar para que la educación **cambie a mejor**. Si logramos esto, veremos que nos será mucho más sencillo educar y no tendremos esa sensación de que nadamos a contracorriente sino con el viento a favor. Como muy bien afirma José Antonio Marina *"para educar a un niño hace falta la tribu entera"*.

3. **Necesitamos urgentemente una Alianza entre las familias y la escuela, eliminando los recelos existentes entre ambas instituciones**, acercando posturas y trabajando codo con codo para mejorar el clima educativo existente en la actualidad. Hemos de evitar que las relaciones entre

padres y docentes sean tensas y pasen a ser alegres basándose en la confianza mutua ya que todos buscamos lo mismo: lo mejor para nuestros hijos y alumnos. Hemos de ser conscientes de que ambos "jugamos en el mismo equipo" y no podemos meternos goles en nuestra propia portería. Si los padres y el profesorado nos unimos en esta ilusionante misión, nuestra acción educativa será muchísimo más eficaz.

4. **Para mejorar la educación es necesario que tanto las familias como la escuela levantemos la voz y les digamos a los medios de comunicación ¡basta ya!** Les expliquemos que queremos que se preocupen por transmitir valores tales como el esfuerzo, la voluntad, la entrega, el compañerismo, etc. Unos valores que nos ayuden a mejorar como personas y que se dejen de una vez de bombardearnos con la emisión continua de contravalores tales como el consumismo, la violencia, la inmediatez, el zapping emocional, etc. Esto también facilitaría nuestra acción educadora puesto que educaríamos de una manera conjunta sin "chocar de frente" , que es lo que está ocurriendo en la actualidad. Estamos bombardeando constantemente a nuestros hijos y alumnos con mensajes contradictorios que los desorienta y desborda. Recomiendo que leas una entrada anterior en la que hablo sobre cómo (mal)educa la televisión

5. **Hemos de cambiar la perspectiva que tenemos sobre la educación y el Sistema Educativo**: la escuela y también los institutos son lugares donde nuestros hijos van a desarrollarse y a formarse como personas, lugares donde deben encontrar la felicidad. Eliminemos el tan extendido mensaje de bullying, acoso, fracaso escolar, violencia en las aulas, etc. Actuemos para poner remedio a estos gravísimos problemas pero no nos dejemos influir por lo que nos quieren vender algunos medios de comunicación.

La escuela no es solo eso: hay problemas que requieren una solución urgente .Eliminemos el tan extendido pesimismo educativo y afrontemos nuestra tarea educativa con **optimismo y entusiasmo.**

6. **Hemos de atender y dedicar más tiempo a nuestros hijos.** Según el reciente estudio "Encuesta Infancia 2008" elaborado por la editorial SM, más de 350.000 chicos de 6-14 años pasan todas las tardes de los días laborable solos y más de 920.000 sienten soledad en su hogar. Dramático. Debemos pues, presionar a las instituciones para que se produzcan mejoras reales que favorezcan la conciliación laboral y familiar. Sólo así podremos pasar más tiempo con nuestros hijos. Además, este tiempo es necesario que sea de calidad puesto que es mucho más importante que la cantidad.

7. **Es necesaria una cultura educativa.** Es necesario que la educación esté presente en la vida diaria y se valore como el elemento imprescindible de mejora social. Es importantísimo que desde los estamentos políticos se apoyen iniciativas que tengan una claro propósito educativo y favorezcan que los jóvenes puedan participar en actividades pro sociales tales como ONG´S, asociaciones deportivas, etc. Debemos obligar a nuestros políticos que se ocupen y preocupen de la educación, que no la usen como arma electoral arrojadiza en sus cortoplacistas programas electorales. La educación requiere inversión, tiempo y mucha paciencia.

8. **Es necesario que la sociedad apoye y valore la labor docente**. Es importantísimo que se reconozca el trabajo diario que están realizando los miles de docentes que trabajan en las aulas de nuestro país. Hay que aplaudir iniciativas como la de la FAD (Fundación de Ayuda contra la Drogadicción) que todos los años realiza un "Homenaje

al Maestro" junto con un Premio a la Acción Magistral, valorando la función social del maestro y transmitiéndolo así al resto de la sociedad.

9. **Es preciso también apoyar e impulsar las Escuelas de Madres y Padres** como un lugar de reflexión y formación de los padres así como un punto de encuentro entre las familias y la escuela. Hemos de evitar que las Escuelas de Padres se conviertan en una serie de "charlas repetitivas" sin un objetivo definido donde siempre se habla de lo mismo y al final los padres se cansan y dejan de participar. Hemos de comprometernos para cambiar urgentemente el rumbo, la dinámica y el verdadero sentido de las Escuelas de Madres y Padres.

10. **Es urgente que todos nos pongamos a trabajar ya mismo para que mejorar la educación** sea la tendencia natural en nuestra forma de vida . Todos podemos aportar nuestro pequeño granito de arena en esta gran tarea. Necesitamos plantearnos una serie de cambios que nos ayudarán a mejorar la educación y conseguiremos una Escuela del siglo XXI.

Para poder promover estos cambios necesitamos aportar los siguientes ingredientes:

PASIÓN

ENTUSIASMO

ENTREGA

GENEROSIDAD

CONFIANZA

OPTIMISMO

Espero que estas diez propuestas te hayan parecido interesantes. Ahora nos toca a todos **ponerlas en práctica**. Me gustaría abrir un espacio de diálogo y colaboración. Por este motivo te invito a que aportes alguna propuesta más para mejorar la educación y la añadiremos a estas diez que propongo.

EL TUIT:

@OscarG_1978

"Solo triunfa en el mundo quien se levanta y busca las circunstancias, y las crea si no las encuentra" G. B. Shaw #cambioeducativo

ESCRIBE TU TUIT:

26

Crea un club de apasionados por la educación

Hace un tiempo leí una idea muy útil y sugerente en el libro "Vivir sin jefe" de Sergio Fernández: la de crear un club de cerebros (y corazones) emprendedores. A raíz de esto se me ocurrió que sería interesante proponer a los lectores de mi blog una idea similar: **crear un Club de "apasionados por la educación".** Hoy quiero compartirlo contigo.

Ya se que te estarás preguntando ¿y a qué te refieres con un club de apasionados por la educación? Déjame que te lo explique brevemente: se trata de invitar a un grupo reducido de personas, entre 4 o 5 (se conozcan previamente o no) para formar un **club de debate** una vez al mes, por ejemplo. Pueden ser más veces al mes si así lo estipuláis y aumentar los integrantes del grupo aunque recomiendo que nunca supere los 7-8 integrantes. Uno de ellos hará de *moderador* (se puede ir rotando esta figura para que todos en algún momento puedan actuar como tal).

El objetivo es que podáis **compartir** vuestras ideas, problemas, desafíos, proyectos, etc. **para mejorar la educación**. Es una forma de generar sinergias que seguro os enriquecen a todos y cada uno de los integrantes del club. De este modo acabarás con un sentimiento de soledad e impotencia que nos atrapa en el mundo educativo actual donde solo parece que está bien decir que "todo está fatal". Comprobarás que hay más gente interesada en promover grandes cambios y mejorar la educación. Solo hace falta buscar... verás como aparecen. Es importante saber que **no estamos solos.**

Te recomiendo que seas selectivo y elijas personas creativas, apasionadas, humildes y optimistas que sepan aportar ideas pero que sobre todo sepan escuchar las aportaciones de los demás. Un grupo inteligente es mucho más que una suma de individualidades. Por ello es necesario establecer un clima de confianza y compromiso donde todos los miembros del grupo tengan un papel protagonista.

El objetivo es que estos pequeños **clubes de apasionados por la educación** vayan creciendo y realizando una labor silenciosa pero encaminada a promover un cambio educativo real en diversas direcciones transmitiendo el mensaje claro de que *"para mejorar la educación hay que pasar a la acción"*. El momento es ahora. Hay que pasar a la acción y dejarnos de teorías. Está comprobado que si no somos nosotros los que tomemos las riendas nadie lo va a hacer...

Otra idea para poder **conectar** con más apasionados por la educación es establecer estos "clubes" de manera online aprovechando las nuevas tecnologías. Servicios como Skype o el propio Facebook pueden servirnos de ayuda para reunirnos "virtualmente" una vez al mes, recargar nuestras energías y **establecer los cimientos de un movimiento educativo optimista.**

¿Te unes a mi club de apasionados por la educación?

Espero tu propuesta en mi mail:
oscargonzalez@escueladepadrescontalento.es

Empieza hoy a crear tu club de apasionados por la educación y **empieza a sembrar ideas para cambiar la educación y mejorar la sociedad...**

EL TUIT:

@OscarG_1978

"Dejemos el pesimismo para tiempos mejores"
José Antonio Marina #cambioeducativo

ESCRIBE TU TUIT:

27

El cambio educativo

Si nos detenemos un instante y miramos con atención a nuestro alrededor nos daremos cuenta de que vivimos en una época convulsa en la que el conflicto es una constante en casi todos los ámbitos de la vida: la pareja, el trabajo, los negocios, etc. El mundo educativo no es ajeno a ello. En la actualidad estamos sufriendo una crisis económica temporal (o eso esperamos) pero al mismo tiempo vivimos inmersos en una crisis educativa permanente. Por tanto, es momento de empezar a trabajar y *pasar a la acción* para poder salir de esta crisis y dar paso a un cambio positivo que beneficiará positivamente a nuestra sociedad en muchos aspectos. Como muy bien señala el filósofo José Antonio Marina "la nostalgia educativa es una farsa. Nunca hemos tenido mejor escuela que ahora". Tenemos indicios de que esto realmente es así, pero a pesar de ello todavía nos quedan muchas cosas por mejorar…

En muchos ámbitos, la humanidad ha conseguido grandes cambios y un desarrollo totalmente impensable hace unos años: grandes descubrimientos y avances científicos en campos como la informática, las comunicaciones, etc. Todos estos avances están incidiendo de una manera u otra en el mundo educativo que, pese a algunas resistencias iniciales, está teniendo que cambiar y adaptarse a estas nuevas formas de vivir, comunicarse y; por tanto, de enseñar y aprender. No obstante, nos seguimos encontrando con una gran contradicción pues observamos que a pesar de todas estas mejoras, avances y transformaciones estamos reincidiendo en los mismos errores y no acabamos de dar solución a una gran cantidad de problemas socio-educativos que no hacen sino extenderse como una verdadera epidemia que nos invade e incapacita para salir de esta crisis permanente que he mencionado anteriormente. Los medios de comunicación no dejan de bombardearnos con palabras como bullying, fracaso escolar, etc. Nos transmiten el mensaje de que todo lo que tenga que ver con la educación es negativo, que está todo muy mal. No se hacen eco de los aspectos positivos de la educación. Lo malo vende más. De esta forma intoxican y contagian un *pesimismo educativo* que provoca que nuestro sistema educativo se debilite y enferme impidiéndonos avanzar con rumbo fijo para revertir esta situación.

Llegados a este punto, nos deberíamos plantear una serie de cuestiones:

- ¿Cómo es posible que hayamos llegado a esta situación?
- ¿Qué hemos hecho tan mal para estar así?
- ¿Qué cosas no hemos tenido en cuenta para cometer estos errores?

Y sobre todo, cuestiones que nos hagan reflexionar a cada uno de nosotros y hacer propósito de enmienda:

- *¿Qué grado de responsabilidad tengo yo (tanto por acción como por omisión) en este proceso de debilitamiento y crisis educativa?*
- *¿Qué puedo hacer yo para contribuir a un cambio positivo del mundo educativo?*

Para que las cosas empiecen a cambiar es necesaria una mayor preocupación por el impacto que tienen nuestras pequeñas acciones sobre el sistema educativo del que todos formamos parte.

La educación tiene que cambiar. Esto es urgente y necesario y para que esto ocurra necesitamos del compromiso individual de cada uno de nosotros para aportar soluciones. Necesitamos con urgencia un compromiso educativo de la sociedad. No podemos esperar de manera ingenua a que los gobiernos resuelvan el problema educativo porque hasta la fecha, hemos dejado esta toma de decisiones en manos de los políticos y la situación lejos de mejorar no ha hecho más que empeorar. ¿Por qué motivo? Porque las *soluciones* aportadas son pequeños parches: cambiar la ley educativa y establecer numerosas reformas que nos han ido encerrando en un callejón sin salida del que es difícil (pero *no imposible*) salir.

Hay una frase de Gandhi que me encanta y que nos indica cuál es el camino a seguir: *"tú debes ser el cambio que quieres ver en el mundo"* y que con mucho atrevimiento suelo utilizar aplicándola al tema que nos ocupa: *"tú debes ser el cambio que quieres ver en el mundo educativo"*. Y es que cada uno de nosotros debe tomar sus propias decisiones y comprometerse a llevar a cabo un cambio personal si realmente queremos cambiar algo. Y de este compromiso educativo personal surgirá un compromiso educativo social más amplio en el que todos y cada uno de nosotros seremos auténticos protagonistas: la escuela, las familias, los medios de comunicación, los políticos, etc. Seremos promotores de grandes cambios y transformaciones sociales.

Todos debemos empezar a preocuparnos por las repercusiones que tienen nuestras acciones en el mundo educativo pues nuestra responsabilidad educativa es compartida. Es momento de actuar. Como destaca José Antonio Marina: *"la inteligencia humana termina en la acción. Gracias a ella, lo irreal puede hacerse real"*. Tenemos que hacer que sucedan cosas. Por desgracia, el pesimismo educativo que he citado anteriormente actúa como *paralizador* porque genera miedo, dudas, desconfianza, etc. En nosotros mismos y también en el propio sistema. Damos por sentado que las cosas son así y que no se pueden cambiar. No nos atrevemos a cambiar...

El gran Albert Einstein ya dijo *"si buscas resultados distintos no hagas siempre lo mismo"*. Esta magnífica afirmación encierra una gran verdad. Y la tenemos que poner en práctica desde ya mismo. Parafraseando a Miquel M. i Pol:

"Todo está por hacer,

todo es posible todavía

¿quién sino todos nosotros?"

Aquí encontramos la clave del cambio educativo: el **COMPROMISO**. Para ello son necesarias dos elementos básicos:

a. *Que empecemos a tomar conciencia de manera individual de la magnitud del problema al que nos estamos enfrentando.*

b. *Que descubramos y confiemos en nuestro propio potencial. Todos podemos ser impulsores y promotores de grandes cambios educativos. Solo tenemos que ponernos en marcha.*

Aunque no lo creamos así, aunque pensemos que vamos a contracorriente, fruto del pesimismo educativo que se contagia a una velocidad de vértigo, somos muchísima gente deseando el cambio. Tenemos que vernos a nosotros mismos como pequeñas semillas capaces de crecer y multiplicarnos. Ninguna imprescindible pero todas necesarias.

Pero te preguntarás, *¿y qué es lo que tenemos que cambiar en educación?, ¿hay tanto por cambiar?*

Evidentemente no vamos a cambiarlo todo de la noche a la mañana. No vamos a poner "patas arriba el sistema educativo" de forma inmediata. Tenemos que empezar cambiando pequeñas cosas que nos irán llevando y conduciendo a otras mayores. Unas cosas nos llevarán a poder solucionar otras. Tenemos grandes retos y desafíos. Ojalá pudiésemos abordarlo todo al mismo tiempo pero además de que es imposible, nos desbordaría. Recomiendo que empecemos poco a poco, paso a paso buscando nuevas soluciones y aportaciones.

Uno de los temas que más preocupan y demandan solución es el del *fracaso escolar,* ya que es un problema que se va enquistando en nuestro sistema educativo. ¿Por qué no empezar por ahí? Pues porque es un problema que refleja otros muchos problemas y carencias. Una vez empecemos a dar solución al mismo nos daremos cuenta de hasta qué punto *"todo está conectado"*... Me gusta poner el ejemplo de un río: imaginemos que el problema del fracaso escolar como un gran río en el que desembocan una serie de afluentes que influyen en el mismo. Por tanto, cuando queremos abordar y dar solución a un tema tan complejo como es el fracaso escolar tenemos que empezar por dar solución a otros "pequeños problemas" que nos iremos encontrando en el camino que nos ayudarán a resolver éste.

Por tanto, es momento de parar y preguntarnos cada uno de nosotros: **¿qué puedo aportar yo para solucionar este problema?** Aportando nuestro pequeño granito de arena estaremos provocando un *movimiento de cambio* que nos conducirá en un futuro a dar solución al problema del fracaso escolar. No solo estaremos solucionando este grave problema sino que estaremos contribuyendo a un profundo cambio educativo.

Poco a poco, paso a paso iremos abordando y solucionando más problemas hasta conseguir una estabilidad y mejora de nuestra educación. El objetivo último de mejorar la educación es conseguir un mundo mejor para todos y todas. Si somos capaces de comprender esto, empezaremos a cambiar el mundo…

Te animo a pasar a la acción y a hacerlo realidad.

EL TUIT:

@OscarG_1978

"Lo importante es empezar. Superar ese punto de no retorno. Lanzarse. Comprometerse. Hacerlo realidad" Seth Godin #cambioeducativo

ESCRIBE TU TUIT:

28

Tú también puedes liderar el cambio educativo

Como ya te expliqué en la primera parte del libro cuando abordé el tema del LIDERAZGO mucha gente duda ante la idea de liderar y mucho más cuando hacemos referencia a este liderazgo en el mundo educativo. Claro, todo el mundo piensa: *"Liderar, ¿cómo alguien como yo va a liderar algo con lo insignificante que soy?"* Esto es así porque creemos que "siempre hay alguien que nos tiene que ordenar o dirigir" y que sin esa autoridad somos incapaces de liderar. Las cosas están cambiando y el mundo de la educación no es ajeno a estos cambios...

Por este motivo necesitamos **gente apasionada por el cambio, gente que quiere que ocurran cosas** y que la educación mejore en el más amplio sentido de la palabra. Cada uno de nosotros tenemos la oportunidad de convertirnos en una **figura clave** de este movimiento que ahora mismo estamos poniendo en marcha, pues liderar consiste en eso: en **crear cambios en los que tú crees.**

Todos en el mundo educativo tenemos *muchísima más influencia de la que realmente pensamos*. Tenemos ideas, ganas y un movimiento que ahora iniciamos. Vamos a darles un impulso y a **conectar** con más gente que quiera unirse a nosotros.

Y tú, ¿vas a quedarte ahí quieto esperando a que ocurran cosas o quieres liderar este cambio educativo y **hacer que sucedan cosas**? Cuento contigo.

EL TUIT:

@OscarG_1978

"Debemos liderar un cambio que promueva escuelas que preparen para el futuro"
#cambioeducativo

ESCRIBE TU TUIT:

EL CAMBIO EDUCATIVO

APRENDE MÁS...
Más allá del informe PISA

Cuando hablamos de educación escuchamos mucho la siguiente afirmación: **vivimos un momento de urgencia educativa.** Esto es una realidad a la luz de los resultados de numerosos países en los estudios internacionales (por ejemplo PISA) y el creciente abandono escolar de nuestros jóvenes.

En nuestro país, los resultados obtenidos en los últimos años son decepcionantes. No hace falta "estar" en el mundo de la educación para saberlo. Basta con leer la prensa o escuchar las noticias de radio y televisiones cada vez que se realiza el estudio y comprobamos que se produce un intenso debate. Pero, ¿hacemos algo para que realmente cambie la situación? Lamentablemente no. Seguimos dando vueltas a los mismos errores y se intentan introducir algunas "recetas novedosas" pero seguimos obteniendo los mismos resultados. Quizás no hacemos caso de lo que afirmaba Einstein:

> "Si quieres obtener resultados distintos, no hagas siempre lo mismo"

Este **cambio educativo** requiere que nos centremos en varias cuestiones fundamentales:

- *Identificar las causas de la emergencia educativa en la que estamos inmersos. Este libro pretende apuntar en esa dirección.*

- *Analizar la influencia de la política y la economía en la educación. Debemos trazar políticas educativas realistas que partan de la experiencia y no desde posiciones ideológicas dañinas y tóxicas.*

- *Valorar y reforzar la importancia del papel del profesor en el siglo XXI como guía del aprendizaje (docente sherpa).*

- *Etc.*

Pero promover este cambio no es un camino fácil ya que nos encontraremos con numerosos obstáculos. A pesar de que sabemos qué dirección debemos tomar observamos cómo los encargados de dirigir las políticas educativas y llevar a cabo las reformas introducen "pequeños cambios" en la periferia del sistema proponiendo medidas irrelevantes. Además no cuentan con la voz y la experiencia de los que se tiene que encargar de llevar adelante estas reformas: el profesorado. Y es aquí cuando nos planteamos la siguiente cuestión: **¿están realmente interesados en cambiar la educación?** Ahí lo dejo…

Juan Delval en su interesante libro *"La escuela posible"* señala una serie de OBSTÁCULOS que nos encontramos al pretender cambiar la educación. Son los siguientes:

  o **ALUMNOS:** *Se resisten a aprender cosas cuya utilidad no ven, porque no se consigue que muestren el gusto por el saber, por el aprendizaje, por el estudio y por el esfuerzo.*

- **PROFESORES:** *Se resisten a cambiar su forma de enseñar, hacen lo que se les ha enseñado a ellos, y sólo estarían dispuestos a cambiar si vieran una buena razón para hacerlo.*

- **PADRES:** *Se enteran de las reformas educativas por los medios de comunicación, y no suelen llegar a formarse una idea muy clara de en qué consisten.*

- **AUTORIDADES EDUCATIVAS:** *Son los elementos más reacios a una reforma de educación, cuando son ellos los que deberían propiciarla.*

- **EMPRESAS Y PODERES ECONÓMICOS:** *No se interesan mucho por una educación democrática.*

"Si enseñamos a los estudiantes de hoy como se enseñaba ayer, les estamos robando el mañana" John Dewey

5 PASOS PARA LA ACCIÓN

1. **No desprecies las nuevas ideas.** Aprovéchalas y ponlas en práctica en tu vida tanto personal como profesional.

2. **Anima a las personas que te rodean a intentar cosas nuevas** y promoved este proceso de CAMBIO.

3. Nunca dejes de explorar, de cuestionarte cosas, de hacerte preguntas... En definitiva, **nunca dejes de APRENDER**.

4. **Entra en contacto con personas interesadas en el CAMBIO** y comparte con ellas tus ideas, tus inquietudes, proyectos, etc. Te invito a que entres en la página del libro:
https://www.facebook.com/elcambioeducat
Vamos a congregar allí "una buena tribu" para mejorar la educación.

5. **Cuando termines de leer este libro compártelo.** Regálalo o recomiéndalo a todo aquel que creas que puede estar preparado para comprender el CAMBIO e inspirarlo en los demás. Muchas gracias de antemano por haber llegado hasta aquí.

LECTURAS Y VÍDEOS RECOMENDADOS

LECTURAS

- *"Enseñar a nativos digitales "* Marc Prensky.

- *"Pedagogías invisibles. El espacio del aula como discurso"* María Acaso.

- *"Coaching educativo"* Coral López Pérez y Carmen Valls Ballesteros.

- *"El aprendizaje basado en el pensamiento"* Varios autores.

VÍDEOS

- *Encántame o piérdeme (Marc Prensky)*
  https://www.youtube.com/watch?v=twKZiGmd7yo

- *El reto de educar en el siglo XXI. Nuevas necesidades. Nuevas formas. (Richard Gerver)*
  https://www.youtube.com/watch?v=NIVojTFd17g

- *El fenómeno Finlandia*
  https://www.youtube.com/watch?v=nDXDrvd1utE

#PARA REFLEXIONAR

- *"Enseñar a pensar a los niños les hace mejores estudiantes y personas"* Robert J. Swartz.

- *"La tecnología no reinventa la pedagogía, solo amplía sus posibilidades"* Fundación Telefónica.

- *"Los aprendizajes producidos en ambientes no formales e informales crecen a un ritmo vertiginoso y habrá que considerar sus beneficios"* Fundación Telefónica.

- *"En esta nueva sociedad, el cambio educativo debe producirse a nivel de actitudes y no sólo de aptitudes"* Alejandro Piscitelli.

EPÍLOGO

Entrevista a Richard Gerver

Para terminar el libro incluyo este epílogo a modo de entrevista que nos ayudará a sacar conclusiones sobre la necesidad de establecer un auténtico CAMBIO EDUCATIVO de la mano de **Richard Gerver, considerado como uno de los líderes educativos más innovadores e inspiradores de nuestro tiempo.** Su mayor logro fue convertir la Grange Primary School, uno de los peores centros de Reino Unido, en uno de los colegios más innovadores del mundo, lo que le ha hecho merecedor de grandes reconocimientos. Fue asesor de política educativa del Gobierno británico de Tony Blair y Premio Nacional de Enseñanza en el Reino Unido. Es autor de los libros *"Crear hoy la escuela del mañana"* y *"El cambio"*.

Óscar G.: Hola Richard, muchas gracias por participar en el epílogo del libro. Es para mi todo un honor y un lujo. Vamos a hablar detenidamente sobre la importancia y la necesidad de CAMBIAR la educación. Te planteo algunas cuestiones:

- ❖ **¿El modelo educativo actual está agotado? ¿Crees que es necesario un "cambio educativo"?**

Richard Gerver: Absolutamente, el sistema actual fue diseñado para afrontar la Era Industrial, y lo hizo de forma brillantemente eficaz. Pero ahora nos estamos dirigiendo hacia el siglo XXII y estamos en un mundo de cambio exponencial, innovación y espíritu emprendedor. Esto significa que debemos desarrollar un sistema que se defina por el empoderamiento y no por el control.

> ❖ **Óscar G.: ¿De qué manera podemos transformar la educación y nuestro sistema educativo?**

Richard Gerver: Empezando de nuevo a partir de las preguntas básicas; qué queremos y necesitamos para que nuestros niños sean seres humanos cuando acaben su educación. Necesitamos desarrollar una aproximación que incluya habilidades, competencias y atributos en su núcleo. Debemos dejar de focalizarnos en la distribución de contenidos. Como me dijo una vez Steve Wozniak, cofundador de Apple, *tenemos que educar generaciones que no sea necesario gestionar.*

> ❖ **Óscar G.: ¿Qué importancia y papel desempeñan las familias en esta transformación?**

Richard Gerver: Hay un viejo proverbio africano. "Se necesita una tribu entera para criar a un niño". Si queremos preparar con eficacia a nuestros niños para los desafíos del futuro, todos debemos colaborar más y eso significa que los padres también, que su participación debe ser mucho más activa en la educación de sus hijos.

> ❖ **Óscar G.: ¿Qué requisitos debe reunir una escuela del siglo XXI?**

El cambio educativo

Richard Gerver: Las escuelas deben ser centros activos de investigación e innovación. Deben ser también corredores de aprendizaje, que unan a todos los miembros de la sociedad a trabajar juntos para preparar a nuestros niños para el futuro.

> ❖ **Óscar G.: ¿Crees que es necesaria una nueva arquitectura escolar?**

Richard Gerver: ¡No! Las escuelas no están construidas de acero y cristal, sino que están construidas por gente... Mientras que las escuelas deberían ser más abiertas y ciertamente no deberían estar llenas de aulas donde los profesores dan una conferencia frente a los alumnos, no necesitamos nuevas escuelas para desarrollar nueva educación.

> ❖ **Óscar G.: ¿Qué papel desempeña el profesor en las aulas del siglo XXI?**

Richard Gerver: Deben ser líderes del aprendizaje; mentores y guías.

> ❖ **Óscar G.: ¿Cuáles son las competencias que deberían desarrollar los actuales alumnos?**

Richard Gerver: Muchas, pero las vitales son el trabajo en equipo y la colaboración, la asunción de riesgos, la innovación, la resolución de problemas y en la parte superior de la lista: las habilidades interpersonales.

> ❖ **Óscar G.: ¿Qué es para ti un líder educativo?**

Richard Gerver: Alguien que sirve a los niños; buscando potenciarlos no sólo controlarlos.

> ❖ **Óscar G.: ¿Cuál es la importancia del liderazgo en los centros educativos?**

Richard Gerver: El liderazgo articula y protege la visión, potenciando a la comunidad para convertirla en acción.

> ❖ **Óscar G.: ¿La escuela puede aprender de la empresa? ¿qué cosas?**

Richard Gerver: La educación puede aprender de los negocios y viceversa. Necesitamos saber más acerca de las habilidades que las empresas están buscando y que necesitamos derribar los muros que actualmente dividen a tantos de nosotros. El negocio de la educación no puede prosperar de forma aislada.

NOTA FINAL

Querido lector, ¿de qué va a depender la utilidad de todo lo expuesto en este libro? Por supuesto que de la **actitud** que tomes una vez leído el mismo.

Según Álex Rovira y Francesc Miralles, se puede dividir a los lectores de un libro como el que ahora estás terminando en dos categorías:

1. Los que consideran que es suficiente con leer el libro para "que sucedan cosas", como si el solo hecho de localizar el oro nos llevara hasta él.

2. Los que **además de leer el libro, están dispuestos a aplicar algunos de sus consejos a su realidad cotidiana.**

Espero y deseo que te encuentres entre los lectores del segundo grupo y empieces a llevar acciones a la práctica que ayuden a promover un CAMBIO real.

Muchas gracias por dedicarme tu tiempo y por acompañarme en este camino largo y lento que nos ayudará a **cambiar y mejorar la educación.** Estamos juntos en esto.

Óscar Gonzalez

El cambio educativo

«Sé el cambio que quieres ver en el mundo».
Mahatma Gandhi

Óscar Gonzalez

AGRADECIMIENTOS

Quiero dar las gracias a mis amigos, compañeros, colegas de profesión, padres y alumnos, por su constante estímulo, apoyo y motivación. Gracias a los que me acompañan es este camino para seguir aportando ideas y acciones para mejorar la educación.

Gracias a *Beatriz* y a nuestros hijos *Mateo* y *Elsa*, que llenan mi vida y dan sentido a mi trabajo.

Un millón de gracias a *Richard Gerver* por ser una inspiración y acceder a participar en este libro. Es para mi un lujo y un honor poder contar con las ideas y reflexiones de alguien a quien considero un referente.

Gracias a todos aquellos que dedicáis vuestro tiempo a leer mis publicaciones en blogs y redes sociales. Gracias por vuestras enriquecedoras aportaciones que me ayudan a reflexionar y mejorar.

Gracias también a *Marta Grañó* por su desinteresada colaboración en la traducción de la entrevista que se incluye en el Epílogo. Agradezco su empeño por mejorar la educación a través del emprendimiento.

Gracias a *Alexia Jorques* por su magnífico diseño de portada y su trabajo de maquetación del libro. Da gusto trabajar con gente tan profesional y comprometida con sus proyectos.

Gracias a todos y cada uno de los autores que cito en el libro por todo lo que me aportan y aprendo de ellos.

Y gracias también a ti por haber decidido adentrarte en la lectura de este libro, por tu confianza e interés.

Para compartir criterios y mejorar futuras ediciones:
www.elblogdeoscargonzalez.es

Óscar González

Es profesor de Educación Primaria en el CEIP Lluís Vives de Bocairent y fundador del proyecto **Alianza Educativa** que tiene por objetivo mejorar las relaciones entre las familias y la escuela. (www.alianzaeducativa.es)

Director fundador de la primera Universidad de Padres presencial en España.

Fundador y **director general de la Escuela de Padres con talento**, un nuevo modelo de escuela de padres y madres (www.escueladepadrescontalento.es)

Fundador y director del proyecto **Optimismo Educativo**, "Magazine Digital" que pretende fomentar el optimismo en torno a la educación: (www.optimismoeducativo.blogspot.com.es)

Director de la Escuela de Padres y Madres del British School de Alzira y Xàtiva.

Creador de la Semana Educativa de Bocairent bajo el lema "En Bocairent EDUCAMOS TODOS" y fundador del Consejo Infantil y Juvenil de la misma localidad.

Fundador de la Universidad de Padres del Colegio Virgen de la Familia en Lima (Perú).

Colabora escribiendo artículos para revistas y portales educativos entre los que destacan la revista Escuela Infantil, Padres y Colegios, el periódico MAGISTERIO, etc.

Es consultado con asiduidad por los medios de comunicación (prensa, radio, etc.) para tratar temas educativos de actualidad.

Ha elaborado una Guía Turística Infantil para el Patronato de Turismo de la ciudad de Alicante.

Es una persona que cree que **la educación lo es todo** y considera de urgente necesidad una alianza entre familia y escuela. En sus propias palabras:

"Para mejorar la educación es necesario pasar a la acción"

Dirige seminarios sobre **liderazgo, cambio educativo, creatividad e innovación educativa** para todas aquellas personas e instituciones que desean ampliar y profundizar en los conceptos de sus libros y escritos.

También imparte conferencias sobre educación para todo tipo de público en cursos, jornadas, congresos, escuelas de madres y padres, etc.

Como escritor es autor de **"Escuela y Familia. Familia y Escuela. Guía para que padres y docentes nos entendamos" Editorial Desclée De Brouwer, 2014** y del que tienes ahora en tus manos.

Consultor y asesor educativo y familiar. Es el creador de los programas de asesoría educativa y familiar **"Educación Inteligente" y "Educar con talento"**.

Colaborador habitual del portal web ABC Familia y autor del blog Escuela de Padres con talento en ABC.es

Ha sido galardonado con **el PREMIO MAGISTERIO 2013** por su empeño en mejorar y hacer más fluida la relación entre escuela y familia y sus iniciativas que permiten a numerosas familias formarse para reforzar la educación de sus hijos.

El cambio educativo

Si quieres contactar con Óscar González escribe un email a **oscargonzalez@escueladepadrescontalento.es** o visita **www.elblogdeoscargonzalez.es**

Made in the USA
Charleston, SC
31 October 2014